华章经管 HZBOOKS | Economics Finance Business & Management

U0307199

华章经典 · 金融投资

股市奇才
华尔街50年市场智慧

DEEMER ON TECHNICAL ANALYSIS

Expert Insights on Timing the
Market and Profiting in the Long Run

[美] 沃尔特·迪默 苏珊·克拉金 著 闫广文 译
WALTER DEEMER SUSAN CRAGIN

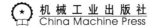

机械工业出版社
China Machine Press

图书在版编目（CIP）数据

股市奇才：华尔街 50 年市场智慧 /（美）沃尔特·迪默，（美）苏珊·克拉金著；闫
广文译 . 一北京：机械工业出版社，2020.1
（华章经典·金融投资）
书名原文：Deemer on Technical Analysis: Expert Insights on Timing the Market
and Profiting in the Long Run

ISBN 978-7-111-63530-7

I. 股… II. ①沃… ②苏… ③闫… III. 股票投资－经验－美国 IV. F837.125

中国版本图书馆 CIP 数据核字（2020）第 063513 号

本书版权登记号：图字 01-2019-4118

股市奇才：华尔街 50 年市场智慧

出版发行：机械工业出版社（北京市西城区百万庄大街 22 号 邮政编码：100037）

责任编辑：赵陈碑　　　　　　　　　　　　　责任校对：殷　虹
印　　刷：北京诚信伟业印刷有限公司　　　　版　次：2020 年 5 月第 1 版第 1 次印刷
开　　本：170mm×230mm 1/16　　　　　　印　张：17.25
书　　号：ISBN 978-7-111-63530-7　　　　　定　价：69.00 元

客服电话：（010）88361066 88379833 68326294　　投稿热线：（010）88379007
华章网站：www.hzbook.com　　　　　　　　　　　　读者信箱：hzjg@hzbook.com

版权所有·侵权必究
封底无防伪标均为盗版
本书法律顾问：北京大成律师事务所 韩光 / 邹晓东

|目 录|

前言

致谢

引言 / 1

第一部分 为什么是技术分析

第1章 "普通"投资者的致命错误 /7

"普通"投资者 / 7·致命的错误 / 10·美联储操纵利率，使小储户
失去了现金和现金等价物 / 12

第2章 什么是技术分析 /26

MTA 的原则与政策 / 27·什么是技术分析 / 28·聚焦价格 / 30·
专注于趋势 / 31·做投资者，而非交易者：培养长期投资的思维模
式 / 32·复杂性 / 35·忽略噪声 / 36

第 3 章　十大市场法则 / 42

鲍勃·法雷尔十大法则 / 42

第二部分　原则与应用

第 4 章　原则：供需关系与情绪 / 47

供需关系 / 47·情绪 / 48

第 5 章　应用：择时与选股 / 56

择时 / 56·市场择时机制 / 59·买什么 / 66·相反的观点 / 68

第三部分　技术图表

第 6 章　图表的重要性：价格、时间和情绪的视觉交汇点 / 73

为什么要用图表 / 73·基本图表 / 74·分析图表 / 76·长期图表给我们的教训：麦当劳 / 77

第 7 章　重要的长期图表 / 85

长期图表 / 85·1870 年至今的标普 500 指数 / 88·比率：1870 年以来的标普 500 指数 / 89

第 8 章　均值和均值回归 / 94

定义：均值回归 / 96·相对强度线 / 99·动量指标和振荡指标 / 99·分离动量 / 101·抛售高峰 / 103·关于指数的忠告 / 105

第四部分　周期与波浪

第 9 章　市场周期 / 113

长周期：康德拉季耶夫波浪 / 114·四年周期 / 116·四年（基钦）周期 / 116·扩张型牛市与四年周期 / 119·未来的四年周期 / 120·总统周期 / 120·季节周期 / 122·艾略特波浪 / 122

第10章　不以市场价格为基础的周期 / 124

股息收益率周期 / 124·债务周期 / 126·利率周期 / 127·其他不以市场价格为基础的周期 / 128

第11章　顶部与底部 / 129

顶部 / 130·头肩顶 / 131·底部 / 134·头肩底 / 137·旗形整理及其他形态 / 137

第五部分　指标

第12章　趋势指标 / 141

指标 / 142·记住：新闻不是指标，根本不是 / 143·趋势分析：千万别跟行情作对 / 144·周期分析及潜在趋势 / 145·市场广度指标 / 147·投机活跃度分析 / 148·异常分析 / 150·相对强度 / 150·一个有希望的新指标 / 151

第13章　市场板块指标 / 155

板块基金 / 155·如何利用板块基金 / 160·先行指标 / 162·金融板块的角色转变 / 163·滞后指标 / 164·房地产股 / 165·周期股 / 165·防御性股票 / 165·子板块 / 166

第14章　货币指标 / 167

债券市场 / 167·作为指标的美联储："别跟美联储作对" / 168·经济和货币指标 / 169

第15章　反向指标与情绪指标 / 170

第六部分　投资基础

第16章　选股 / 177

未来的龙头 / 178·全部买入 / 179·海外投资 / 180·没有什么股票等同于现金 / 180·不要关注场外市场的股票 / 181

第 17 章　警示指标 / 183

落后于大盘的股票 / 183·别忽视第二张传票 / 184·小心震仓 / 185

第 18 章　不确定因素 / 187

解决金融过度扩张的遗留问题：金融危机的余波 / 187·长期信贷紧缩：日本模式 / 188·通货膨胀、恶性通货膨胀和通货紧缩 / 189·市政债务、市政债券，以及市政机构的破产威胁 / 191·国债 / 194·欧洲 / 195·中国 / 196

第七部分　给困惑者的建议

第 19 章　市场下跌的时候应该买什么 / 201

现金 / 201·防御性股票板块：利用相对强度进行判断 / 202·房地产 / 203·大宗商品：一般特性 / 205·黄金 / 206·铀、铜、其他金属及原材料 / 207·矿业股 / 208·艺术品 / 210

第 20 章　狂热、恐慌和泡沫 / 211

如何从热门新股中挑选牛股 / 211·泡沫与起伏式泡沫 / 212·房屋抵押证券 / 214·恐慌潮：投资者行为的变化 / 215

第 21 章　华尔街不是你的朋友 / 217

股票发行角色的变化：从融资工具到套现工具 / 217·承销费用：投资银行的毒品 / 219·债券市场的复杂性 / 219·共同基金还是私人账户 / 220·如何选择经纪人 / 221·庞氏骗局 / 221

第 22 章　华尔街把投资变成了赌博吗 / 223

投资、投机与赌博 / 223·华尔街成就了赌博：脸书 / 224

第八部分　我的生存法则

第 23 章　生存法则 / 227

记录每一个重要决定 / 227 · 学会视觉思维 / 228 · 忽略新闻报道 / 230 · 忽略日常噪声 / 231 · 做一名投资者，而非交易者 / 232 · 保持怀疑的态度 / 232 · 别人害怕的时候，你应该高兴 / 233 · 不要过度交易 / 234 · 忽略传言 / 234 · 截断亏损，让利润奔跑 / 234 · 不要把自己的智慧和牛市混为一谈 / 235 · 不要试图在顶部的最高点卖出、在底部的最低点买入 / 235 · 从错误当中吸取教训 / 235 · 读一本好书 / 236 · 备份，备份，再备份 / 236

第 24 章　我是幸运儿 / 238

早年岁月 / 238 · 蔡志勇的曼哈顿基金：沸腾的岁月 / 242 · 在帕特南的日子 / 249 · 市场技术分析师协会 / 257

第 25 章　未来 / 259

译者后记 / 261

附录[⊖]

⊖ 本书附录从华章公司网站 www.hzbook.com 搜索下载。

| 前　言 |

1963 年，我在美林[⊖]公司上班的时候，就已经算是进入华尔街了。从 1964 年起，我就一直是专职技术分析师。那段时间，我很幸运，能与那些最出色的技术分析师共事并向他们学习。其中有些分析师，比如鲍勃·法雷尔（Bob Farrell），早已家喻户晓，然而其他大多数分析师的名字，虽然在投资机构的圈子当中备受尊崇，但并不为大众熟知，比如斯坦·博格（Stan Berge）。

在本书中，我将分享我从那些曾经共事过的、伟大的老师那里学到的功课，以及我从自己长期的亲身经历中学到的一些东西。（在股市中，经历也是最好的老师。）不过，本书并不是一本长篇累牍的技术分析专著。那样的书，其他人早就已经写过，而且写得比我好。它也不是一本纯粹关于投资的书。我们可以涉足的领域远非无限。本书应该包括哪些内容，应该省略哪些内容，都需要做出艰难的选择。但我认为，每个人（那些理应从华尔街得到更多认同的人），无论是经验丰富的专业基金经理，还是普通的公众投资者，都会从

⊖　美林（Merrill Lynch），世界最著名的证券零售商和投资银行之一，2008 年 9 月被美国银行收购。——译者注

本书中得到一些关于投资智慧的启示，而且我希望这些启示是有用的。

长期以来，我都在计划写这本书。在我即将退休的时候，我认为写作的时机已经成熟。不过，我非常需要有人帮我把这本书写出来。通过一些共同的朋友，我认识了一位基金经理，他的妻子苏珊·克拉金（Susan Cragin）是《内布拉斯加核废料之争》（*Nuclear Nebraska*）一书的作者，她愿意跟我合作共同写作这本书，我们最初其实想给这本书起的名字是《不要说这是运气》（*Don't Call It Luck*）。我非常幸运，能和苏珊一起工作；她总是很乐观，而且从始至终都充满了创造力。没有她，就没有这本书。

目前我在做什么

2010年12月，在华尔街工作了47年之后，我退休了。但是，股市已经融入我的血液。所以，每当我有话要说的时候，我仍会写一些评论，发给一些长期客户和朋友。他们非常友善，时不时会寄些钱贴补一下我的社保支票。

老一代的技术分析师永远不会逝去，他们只是隐于图表之中……

致 谢

我们要感谢出色的经纪人，《文学服务》（*Literary Services*）的约翰·维利希（John Willig），还有麦格劳 - 希尔出版公司的玛丽·格伦（Mary Glenn）、摩根·厄特尔（Morgan Ertel）、代娜·佩妮卡（Daina Penikas）、萨拉·亨德里克森（Sara Hendricksen）和塔尼亚·洛赫马尼（Tania Loghmani）。

我的妻子博比·迪默（Bobbie Deemer）和苏珊的丈夫马克·翁格维特（Mark Ungewitter）为本书提供了相关评论、建议、专业校对，以及无私的爱与支持。马克还为本书提供了许多图表。此外，thechartstore.com 网站的罗恩·格里斯（Ron Griess）专门为本书绘制了有关图表。斯蒂芬·波普（Stephen Pope）、琼·布莱克（June Blake）和彭妮·沃尔夫（Penny Wolfe）提供了宝贵意见并做了校对。WineHQ 公司为我们提供了电脑技术支持。黛安娜·加拉格尔（Diane Gallagher）在紧迫的截稿期内，为我们提供了沃尔特·迪默的照片。

此外，我想特别感谢那些在我的整个职业生涯和本书写作过程中，指导和鼓励我的人。在本书中，大家会读到和他们有关的内容。然而，在此我仍需特别提及两个人：鲍勃·法雷尔，从我第一次见到他到现在，他一直都在指导和支持我；还有迪恩·勒巴伦（Dean LeBaron），可以说他一直是我源源不断的创意之泉、鼓励之泉。此外，已故的迈克·爱泼斯坦（Mike Epstein）对所有认识他的人来说，都是一种鼓舞，我多么希望他长寿，能看到本书出版。我还要感谢富达公司（Fidelity）技术部的戴维·凯勒（David Keller）、马克·迪布尔（Mark Dibble）和苏珊·伯杰（Susan Berger），感谢他们多年来屡次盛情邀请我参观他们传奇般的图表室，特别是戴维，他允许我在本书中使用图表室的照片。（直到我把这件事告诉苏珊·伯杰之后，我才知道，这是多么大的荣耀。她对我说："哇！他们从来不允许在图表室拍照。"）最重要的是，需要再次特别提及我的妻子博比，感谢她在我写作本书的时候，以及在我其他所有的努力中，给我的爱与支持。要是没有她，我会在哪儿？

引　言

2011 年秋，我动手写这本书的时候，大多数人觉得，他们的储蓄和投资已经陷于险境。金融市场和经济局势动荡不安，失业率和就业不足率高企，我们的经济似乎只消费不生产，政府的支出政策似乎也把我们推上了难以为继的轨道。

对于这些问题，大多数人认为政府肯定会有解决方案。然而，他们大错特错。

我们的经济正处于大规模结构性调整的进程之中，而且这个进程不会很快就结束。我们的信用被榨干，我们的金融部门已经透支，我们的政府已经透支，我们的消费者也已经透支。若要纠正过去积累下来的所有的过度行为，让经济在保持增长所必需的投资和储蓄中站稳脚跟，需要相当长的时间。

同时，股市也处于"漫漫熊途"之中。十多年来，股价基本是横盘整理——顶多只能算得上横盘整理。这样的投资环境，与我们过去习惯的环境相比，要严酷得多。这意味着，投资者将不得不越来越努力，才能获得"正常"的回报。

这时候，投资者应该为自己的投资负责，自己去做那些券商或者共同基金不会为自己做的事。也就是，自己选择市场时机进行交易——上涨时进入市场，下跌时退出市场。因为，在长期熊市里，横盘整理行情一般由两个方向的大幅度的超短波段组成，精明的投资者必须知道如何发挥优势——选择恰当的时机买入和卖出，以使收益最大化。

市场择时策略已经被证明是有效的，但也被认为是非常危险的——只适合短线交易者，或者风险承受能力非常高的人。但本书会证明这种想法是错误的，或者说，是可以纠正的。

首先，即使市场择时做得比较糟糕，也比根本不择时要好。

分析师加里·弗里茨（Gary Fritz）的研究指出，从1990年到2011年5月，标准普尔500（简称标普500）指数的涨幅是278%，但是如果市场表现最好的20周你不在场内，你就会亏损1.3%，这是此类研究通常都会统计出来的一个可怕的数字。然而，这些研究没有提到，所有行情最坏的那几周，和大多数行情最好的那几周，都出现在周期性下跌趋势中。但是，即使你市场择时的努力以行情最好和最坏的20周都不在场内而告终，你的收益将达到380%。以任何人的标准来看，做到这种程度，无论怎么看，都算不上什么真正做得好的市场择时，但仍远远超过了采用"买入并持有策略"获得的278%的收益。而且，要记住，**你不必非得在底部买入和在顶部卖出，才能成为成功的市场择时交易者**。即便适度的成功择时，也会给你带来比采用买入并持有策略更高的回报。

当然，弗里茨的研究是在市场大体呈上升趋势的时候做的。但是现在，由于未来几年内市场可能注定会大体呈横盘整理的走势，市场择时不再仅仅是获利并保住利润的最佳方式，恐怕也是唯一的方式。

在长期熊市里，很多小投资者都心灰意冷，退出了市场。我的老朋友约翰·哈默斯劳（John Hammerslough）在考夫曼·阿尔斯伯格公司工作的时候曾经说过："在牛市里，你每天都会看一看股票的价格，看看它们涨了多少。在熊市里，你甚至都懒得看。"

小投资者退出市场，是因为买入并持有策略在长期熊市里不起作用，他们很清楚这一点，但是他们没有信心做市场择时交易。我希望本书能给他们带来信心。

在本书中，我讲了一些在市场中、在我的生活与工作中发生过的小故事。这些小故事，虽然有的看起来有点可笑，但很有意思。我把这些小故事写出来，是有一定目的的。这些情形我们以前都经历过。历史会不断重演。新的增长范式、市场泡沫和崩盘、经济衰退和萧条，以及相当漫长的经济复苏，都曾发生过。所有这些，也必将再次发生。用我的导师——卓然独立的鲍勃·法雷尔的话说就是："精确再现的，不是历史，而是人类的行为。"

近 50 年来，为了适应不断变化的生存环境，我一直用技术分析选择市场时机。过去，我是基于充分的考虑而这样做，但是现在和未来，我认为必须这样做。

这就是写作本书的缘由。

第一部分

DEEMER ON TECHNICAL ANALYSIS

为什么是技术分析

第 1 章

"普通"投资者的致命错误

"普通"投资者

如今，普通的股市投资者都有自己的财富，但多数投资者的财富并不是很多。大部分投资者都有可以投资的 401（K）[⊖]账户，有的也许还会用银行存款进行投资，不过，他们对退休后的生活都顾虑重重。有什么理由不担心呢？他们知道，退休后可能需要比现在更多的钱才能维持同样的生活水准。

他们的安全网，即社会保障和医疗保险（Social Security and Medicare）正处于危险之中，或者说正在被削弱，因为我们的政府正面临持续增加的财政赤字。此外，通货膨胀，作为政府缩减财政赤字的工具，未来15年，可能会使美元的价值缩水 50%。

人为操控的低利率，已经使国库券和银行存单之类的无风险投资工具

⊖ 美国的一种养老金计划。

的利率不再具有吸引力。

医疗费用像天文数字一样高得惊人，还在不停涨价，而且像一个黑匣子：看似平平常常地住几天院，再加上总共不到一个小时的医生监护，就要几十万美元。即使有医疗保险，需要个人承担的费用也相当高昂。

基本生活费用也是只会上涨，因为税金、能源价格和食品价格都在上涨。

大多数美国人都有一套住房，这是他们的主要资产，但是它未来价值几何，值得怀疑。在美国，许多地区的房价仍在下跌。而且，各州都在努力克服税收下降的困境。地方机构，尤其是学校，会试图通过提高房产税来创收。这将增加住房持有者的月供支出，并可能导致一般家庭住房的价值进一步下降。（这是因为，大多数购房者会计算月供总额，以确定还款压力。而在计算月供的时候，需要把越来越高的税金考虑在内。）

食品估计会更贵。全球变暖、地下水供应减少、世界人口迅速增长，以及生活水平提高，都将推高食品价格。

能源成本，将因中东和非洲产油国的政局动荡，以及最近（2011年）日本福岛核事故引发的对核能的担忧，而受到影响。

美国政府应对这些问题的对策"核心"是**消费者价格指数**（CPI），然而 CPI 数据是有缺陷的，因为它没有将能源成本、食品成本考虑在内。而能源和食品的价格可能是涨得最快的。

所以，我得找一份兼职工作吗

找工作，也不容易。

我们实际的失业率和就业不足率合计近 25%。

政府的失业率统计口径过于狭窄，没有包括那些主动放弃找工作，或从事兼职工作的人；没有包括那些从高薪职位下岗后，不得不做出实际牺牲，通过搬家、再培训，赚取比以前低得多的薪水来养家糊口的人；也没有包括那些找不到第一份"真正"的工作，只好做兼职，或者从事只拿保底工资的零售业，还住在父母家地下室里的年轻人。

即使政府的统计数据准确地勾勒出了当前的经济形势，即使它们反映了实际的失业率和就业不足率，以及基本消费品价格上涨的实际比率，可政府又能做什么？我们的政府已经债台高筑，没有钱了。

我们的经济，需要以前所未有的规模创造高收入的工作。但是这些工作在哪儿？

过去，私营部门在建筑、工业和农业等关键和必要的领域创造了就业机会。但是，现在建筑行业一团糟。我们不再需要在美国生产一次性消费品，我们也不再生产大多数的耐用消费品。而且，现在农场雇的是机器，不是人。在美国郊区，那些工作已经被依赖于可支配收入和消费者选择的并不重要的工作取代。（这是不是一个不好的选择，就需要读者自己判断了。）中产阶级就业主要集中在金融服务和房地产开发与销售领域，而工薪阶层，大多会选择零售业和餐饮业。但是，这一切都取决于本地消费的可选择性。而消费需求，可能会在一夜之间就消失得无影无踪。

大批在当地曾经可以保证中等收入且工作非常稳定的职业，比如公务员、警察、消防员、教师、护士等，现在提供的就业机会很少，而且竞争非常激烈。参军，以前只是就业时的备选项，现在却是许多工薪阶层年轻人就业时的首选。

事实上，这些工作的好处是可以享受优厚的医疗保险，以及有保障的退休生活。几年前，这还被看作只有那些保守的、缺乏想象力的工人才想得到的补偿，而受到人们嘲笑。颇具讽刺意味的是，正是这些工人，现在看起来似乎很贪婪。因为我们的医疗保健费用已将这些福利的价值大幅推高，远远超出了他们大多数人刚开始工作时的想象。

但即便是这样的工作，他们的好日子也难以为继。看看那些愤怒的纳税人，他们要求享受长期高效、精简的市政服务；看看那些愤怒的选民，他们要求取消政府对地方开支的授权，尤其是对学校和社会服务机构的授权；再看看那些紧张地重新谈判工会合同的民选官员。

明白了吧。看起来，工资收入只是杯水车薪。至少短期内，就业不足将成为常态。而且，目前没有权宜之计。

投资者比以往任何时候都需要存更多的钱，及早存钱，做出明智的投资选择。不幸的是，他们大多数人都做了错误的选择。

致命的错误

哪些是错误的选择

过去，小投资者希望从多样化的投资组合中获得合理、稳定的回报。多样化的投资组合通常会包括现金、股票（小投资者一般会通过持有共同基金来间接持有股票）和债券。多样化投资已经成了他们的口头禅。在选股的时候，他们的口头禅是：**买入并持有**（buy and hold）。选择一个投资组合，或者是共同基金，或者是某些个股，然后坚定持有。

把自己当成**交易员**（trader）的投资者，往往会频繁交易，非常痴迷地关注自己的股票组合，持续跟踪经济新闻、金融新闻和公司的最新消息。

这两种方法可能都会带来收益，但通常，投资者最大的敌人是他们自己。

现今的投资者都不得不去追求高额回报。

直到最近，股市回报率都高于历史平均水平，大家对这样的回报率开始有了心理依赖。现在，许多人都期望他们的股票投资组合的年回报率能达到 7%、8% 或者 9%。

已经退休的投资者更是如此，他们往往会把**收益**（yield），也就是投资的利润，看成是退休收入的浮动部分。他们的口头禅是："我可不想动我的老本儿。"投资收益已经成了支撑他们生活支出的必要部分。

20 世纪 80 年代大通胀时期，退休人员在货币市场基金上的年回报率是 15%，他们认为，这是他们在很长一段时间内都可以享受的收益水平。但是，他们逐渐发现，回报率回归到了正常水平，而且不幸的是，现在已经低于正常水平。现如今，货币市场基金的回报基本可以忽略不计。

直到过去 10 年（2000～2010 年）发生了一些不幸的事情为止，投资者多年以来始终被股市的高额回报所蒙蔽。他们的退休生活是基于每年 7%～9% 的复合收益率来计划的。

我第一次见到金融市场历史学家雷·德沃（Ray DeVoe）的时候，他在斯潘塞·特拉斯克公司（Spencer Trask）工作，他说："大家为了赚钱而损失的钱，比撞到枪口上损失的钱还多。"他说对了。为了获得 7%～9% 的"正常"收益，如今投资者不得不承担远远超过正常水平的风险。和过去相比，这将更为艰难。从历史来看，正常的无风险收益率，应该是通货膨胀率上浮大约 3 个百分点。而目前，无风险收益率已经低到几乎为零的水平了。

现在，不仅是个人投资者，就连专业基金经理也犯了同样的错误。养老基金陷入困境，它们的收益远低于预期目标。它们的预期复合收益率是 8%。到底谁能知道，它们会从哪儿赚出这 8%？

追求更高的收益，总是——总是需要承担更高的风险。

有的金融从业人员会很乐意告诉他们的客户："回报率为 7% ～ 9% 的投资是没有风险的。"但是超大规模的无风险收益是不存在的，而且可能从未存在过。真正的无风险收益率，通常是通货膨胀率上浮大约 3%。

天下没有免费的午餐。如果某件事听起来好得令人难以置信，那肯定是假的。但是，很多退休人员还没有改变他们"好得令人难以置信"的观念，以适应今天的现状。

赚钱必然要承担一定的风险。要是相信投资无风险，就是在自欺欺人。

美联储操纵利率，使小储户失去了现金和现金等价物

一直以来，由于利率过低，普通的小投资者找不到合适的地方存钱。银行只为储蓄账户支付 0.5% 的利息。还有一些金融服务企业，没有能力接受客户的现金存款。由于没有什么收益，整个类别的资产正在从银行存款、储蓄债券，甚至政府债券中流出。（当然，这势必会影响当地银行的放贷额度，但那是另外一码事。）

现在，如果你有 5 美元额外的现金，你把它投到股市，那么，这就属于人为支撑股市。

当利率开始回升的时候，利率会给除小储户和当地企业之外的每一个人都造成各种不良影响。当然，最大的恶果是政府债务支出将会猛增。但是，如果利率上升，或迟或早，利率必然会上升，债券价格就会下跌。这可能导致股票市场的价格，出现戏剧性的跷跷板效应，因为人们成群结队抛售套现，此时，现金被认为是更安全的。我们正进入股市的恐慌和不确定时期。投资者们很紧张。如果利率上升，很多人可能都会惊喜地喊"哇"，然后把资金从市场里撤出来。当其他投资都是负回报的时候，3%的回报当然是相当不错的收益。

我应该买点黄金，把它藏到地板下面吗

以前，在金融资产价值不确定的情况下，投资者会转向持有硬资产，但是这个循环已经被打破。

在金融资产和实物资产之间，确实存在循环，周而复始，但这个循环的时长不确定。有时候，投资者会青睐金融资产——股票和债券，而其他时候，他们会青睐实物资产——房地产和黄金。通常情况下，如果金融资产不具有吸引力，则意味着实物资产有吸引力。但现在，并非所有的实物资产都有吸引力。

中产阶级的典型实物资产是房地产。不过，房地产市场一团糟。与美国大部分地区的收入中位数相比，房价仍然过高。而且，还有大量断供房也需要清理，清理完后，房地产业才有可能复苏。大多数中产阶级通过贷款购房，并指望每个月都能还上月供。好，现在利率基本是 0，而将来，利率会在某个时间点上调，所以月供就会增加。此外，各地的房地产税可能不得不大幅提高，以弥补市政工人的医疗保健和养老金方面的资金缺

口，以及教育系统的资金缺口。随着月供提高，房价将下跌。

请记住，从根本来说，**房子只是你居住的地方**。你之所以住在那里，可能是因为你在附近上班，可能是因为那儿的税收制度比较优惠，也可能是因为那儿的学校和其他设施比较好。因为这些因素具有不确定性，所以房价不可能不变动，可能在一段时间之内都会变。

从长远来看，房地产可能是一项不错的投资，但它存在许多短期问题。

其他实物资产也有自身的问题。一些富人正在投资艺术品、黄金和各类大宗商品。但是，除非你真正持有大宗商品并交割，否则投资大宗商品通常是糟糕的选择。比如说，买入铜，对我们大多数人来说不现实，因为需要支付仓储费，以及一些其他的相关费用。

所以，问题就来了：你去哪儿投资？黄金的确表现不错，但是当你买黄金的时候，你实际是在做多黄金，还是在做空货币？

我可以把钱交给经纪人打理吗

当大多数人考虑承担一定程度的可控风险时，通常，他们首先想到的是与投资专家、经纪人进行交流。

如今，大多数自称经纪人的金融专业人士，只不过是资产的收集者。当你把钱交给他们的时候，他们的责任几乎就终止了。

下面是普通投资者应该了解的、关于一般金融专业人士的一些情况。

大多数经纪人，是为了拿到基本工资和佣金而工作的。通常，佣金取决于两个因素：经纪人掌控的资产总量，以及客户购买或交易某些资产时产生的交易费用。从而，就激励经纪人努力增加他所控制的资金量，而不管经纪人是否有时间或技能来管理这些资金。经纪人也许会鼓励他的客户购买某种资产（比如年金），以获得更高的佣金收入。他还会鼓励客户过度交易。

当股价下跌的时候，经纪人控制的资金量自然会变小，相应地，他的收入也会减少。对于经纪人来说，重要的是找到新的资产进行管理。同时，如果股价下跌，最好的选择就是持有现金。投资者自己就完全可以做到持币观望，而且，这样做几乎不需要什么成本。于是，经纪人很可能就会说，他有一个能够战胜市场的公式。

那个经纪人绝对在说谎，而且总是在说谎。（嗯，几乎总是。）

我选一些共同基金持有，这样总行吧

未必。对专业的共同基金经理来说，现在的市场可能不是一个好市场。

专业的基金经理的头上悬着一把多刃剑。第一，他们的账户净值必须增长；第二，账户净值的涨幅必须超过市场的涨幅；第三，账户净值的涨幅必须超过竞争对手的涨幅。我见过很多老练的基金经理在股市表现非常好的时候，依然哀叹不已，因为他们的基金涨了 1%，而他们主要竞争对手的基金涨了 1.3%。对他们来说，这是非常可怕的一天。他们比竞争对手落后了 0.3%，即使他们的基金已经涨了 1%。所以，这是一件非常可怕的事。这就是为什么优秀的基金经理必须具备超强的抗压能力，压力高得实在令人难以置信。他们要日复一日随时评估自己的表现，这样，他们就能看到，在这场永无休止的比赛中，他们每一天的每一分钟、每一小时的业绩。

这种氛围，鼓励基金经理为了获得极短期的收益而去承担短期风险，进而他们使用的都是周期非常短的图表。但从长远来看，这种风险必然有其不利的一面。

还有一个问题。市场下跌的时候，并非所有的经理都可以持有现金。有的基金要求必须始终满仓操作。在这种情况下，如果基金经理对市场表现有所顾虑，他们就会尽可能买入他们认为最安全、波动性最低的股票。这也许是他们能买到的、最接近现金等价物的资产。许多共同基金公司，不允许其基金经理持有超过5%的现金。许多大公司的养老基金管理人，也不允许他们的基金经理持有超过5%的现金。他们会说："我们让你运营的是一个满仓操作的成长型投资组合。我们另有20%的资金投资小盘股，还有10%的资金投资新兴市场，等等。但我们希望有20%的资产是优质的成长型投资组合。所以，你必须始终满仓操作。如果我们想持有现金，我们会自己预留出来。"

所以，有些基金（包括有些基金经理）的灵活性可能非常小。它们（他们）需要遵守各种各样的规则。

过去，基金经理可以持有50%的现金，不会有任何麻烦。唯一的风险只是工作的风险。现在，他们几乎不可能做到这一点。许多基金经理用他们自己的个人账户所做的事，与他们用自己管理的资金所做的事，完全不同。搞清楚他们必须遵守的规则，总是有益的。

如果他们想要持有现金，他们就必须弄虚作假。

可是，投资者不需要把钱从账户里取出来吗

需要。而且，这可能会成为股市的另外一个压力来源。

当婴儿潮一代[⊖]到了 70 多岁的时候，他们必须从个人退休账户和 401(k) 账户中支取现金。这一现象将在接下来的 20 年，或者更长的时间内，对股票价格造成下行压力。

谁应该自己做投资，我吗，每一个人吗

对于这个问题，你自己是最好的裁判。其实，总的来说，与实际情况相比，更多的人应该自己做投资。甚至那些不希望自己主动管理投资的人，也应该更密切地关注投资。以前有一幅漫画，画的是某位经纪人的办公室，门上贴着公司的座右铭：

"努力把你们的钱变成我们的钱。"（Working to Make Your Money Our Money.）

这句话，恰如其分地描述了经纪业务的本质。

· 基金经理的投资指引 ·

我在帕特南（Putnam）工作的时候，约翰·莫里斯（John Maurice）掌管帕特南成长基金，这是公司规模最大的一只基金。有一段时间，他比投资政策委员会更悲观。这个委员会主要由管理人员组成。有一天，他被拉进老板的办公室。老板说："你只有 75% 的持仓！按照我们的《投资政策指引》，要求有 80% ～ 85% 的持仓。而且，你还是政策委员会的成员。所以，我要求你马上达到 80% 的持仓线。"约翰·莫里斯很快就在

⊖ 婴儿潮一代指美国 1946 ～ 1964 年出生的人，约有 7 600 万人。——译者注

AT&T 上建了 5% 的持仓，在那个时代，AT&T 是你能想到的、最有代表性的孤寡股（widows-and-orphans stock）——价格稳定，持续分红。但是，你决不会为了本金增值去买它。

老板问："你怎么想的？"

约翰·莫里斯回答说："你告诉我要达到 80% 的持仓线，不过，可没告诉我怎么做。"于是，他尽可能安全地实现了 80% 的持仓。而且，跟往常一样，这次约翰·莫里斯又对了，投资政策委员会又错了。

但是共同基金总比经纪人好一些，对吧

共同基金的确会好一些。一个共同基金经理只负责管理一个资金池。而一个经纪人有 30 个账户，或者 300 个账户，你知道，他不会在每个账户上花太多时间。

购买共同基金的最大风险是盲目做决定。因为，共同基金是靠公开披露的最近一段时期的业绩吸引资金的，而公开披露的业绩往往具有误导性。

首先，只有业绩出色的基金才能幸存。那些过往业绩较差的基金，往往会并入业绩更好的基金。只有过往业绩更出色的基金才能幸存。于是，按照 2011 年 6 月的数字，一只看起来表现比较出色的基金，7 月的规模可能突然扩大到原来的 5 倍，而且还持有不良资产。因此，你在 9 月投资，在 10 月却发现，你投资的是一只持有不良资产的混合基金。

其次，规模很重要。一只小基金可以做到灵活、创新。但是，出色的业绩表现通常会吸引大量新增资金申购。一个基金经理能管好一只 2 亿美元的基金，但如果换成一只 20 亿美元的基金，可能就管不好了。他可能找不到理想的投资标的。他可能失去灵活性。他的买入行为可能会推高市场。或者，他的压力过大，失去了自身的优势。

最后，基金的业绩表现往往取决于基金经理的才华，他要当机立断，要充分运用自己的智慧和经验。假如出于某种原因他离职了，基金业绩势必受到影响。人的大脑是无法替代的。

但是，共同基金也有它的用途。（尽管每个投资者都应该避开那些需要前期投入的，以及存在其他各种进入和退出障碍的共同基金。）

事实上，那些年轻且缺乏经验的投资者，可能应该投资一只业绩好、规模大、多样化的共同基金，如果他们只有少量资金可以投资的话，就更应如此。如果我为那些只有少量资金可以投资的年轻投资者提供一点建议，我会说，尽量选一只业绩好、多样化的共同基金，然后开始投资。通常，一只已经存续了 40 年的基金，与一只仅仅存续了 5 年的基金相比，能为你带来更高的回报。

想发财，最好的做法就是早点儿开始存钱。我们都知道，对一个年轻人，或者一对年轻夫妇来说，刚开始存钱的时候很困难。但是，每个星期或者每个月都存一点，到你退休的时候，你就会有非常高的回报。

考虑到当前的各种局势，随着时间的推移，你为之工作的公司能为你的退休生活提供的帮助将越来越少，而且到你退休的时候，你将不得不越来越依赖自己的退休储蓄。

我应该用互联网交易账户自己做投资吗

除非你是按照大多数互联网经纪人支持的业务模式，每天都盯着你的投资组合，否则你就不应该用互联网交易账户投资。

真正的长期投资者犯的最大的错误之一是：每天都盯着账户净值的波动。"昨天行情真不错。"他们说。但是，对真正的长期投资者而言，重要的是接下来的 18 年会发生什么，而不是接下来的 18 天会发生什么。

那些自己交易的人，他们的账户波动越来越频繁。这类账户的交易费用很低。但是，那些让客户享受优惠费率的经纪业务，理所当然地会从客户的频繁交易中赚取足够的佣金，因此他们鼓励客户频繁交易。而且，他们还会开发并提供各种鼓励短线交易的工具。

与计算机对抗，短线交易者处于越来越不利的境地。

你的操作速度不可能比计算机快。如果你的交易策略需要点击鼠标来执行，那就太慢了。

我在纽约拜访过一家大型对冲基金，当时他们的一位首席投资官对我说："该基金执行一个交易策略时，会每三秒买入 100 手迷你标准普尔期货。"我望着他，"伶俐"地回答说："嗯，我愿意每三秒点一次按钮，这活儿交给我吧。"他看着我，好像我是从其他星球来的外星人，然后对我说："我们不用点按钮。"

短线交易者无法与计算机竞争。

很久以前，有个人应邀去参观华尔街。走到东河（East River）边，导游说："看看这些漂亮的游艇，这可是大经纪人的游艇。"那个人问："客户的游艇在哪儿？"

所以，现在我的问题是："短线交易者的游艇在哪儿?"

我应该从长期持有的角度出发开始自己研究股票，对吧

对于这个问题，我稍后会给出答案。从短线交易的角度来说，答案是：**也许吧**。

这取决于你如何做，以及你对**研究**和**股票**如何定义。这就是我接下来要讨论的话题。

基本面研究可能很棘手，信息可能不准确。

上市公司的盈利完全可以达到管理层的要求。管理层经常会走到会计核算部门，说："我们希望这个季度的每股收益是 0.37 美元。就按每股收益 0.37 美元做吧。"然后，会计核算部门就这么做了。他们完全可以做到这一点。于是，你会在季报中看到各式各样的一次性摊销的费用。这些费用的确是在正常经营过程中发生的，但是，它们往往被冲销，以调整每股收益。

甚至，华尔街的分析师在做基本面分析的时候，也常常被骗。

· 教分析师学会他们在哈佛没有学过的东西 ·

帕特南的总部在波士顿，是波士顿的老牌投资机构。它有一项规定：只招哈佛商学院毕业生作分析师。这些毕业生简直就是一个模子里刻出来的，一模一样。我意识到，我在帕特南的工作之一，就是教这些分析师学会他们在哈佛商学院没有学到的东西——投资的真相。

一天早上，有一家上市公司发布公告，称每股收益是 0.77

美元。一个分析师走进我的办公室，眼泪在眼圈里直打转，因为，他预测这家公司的每股收益是 1.20 美元。就在一周前，他跟这家公司沟通，他说："我预计你们公司每股收益是 1.20 美元。你怎么看？"公司的证券事务代表回答说："我对此很满意。"随后，股票却出现与预期相反的走势（当然，那时是下跌趋势），这个分析师变得有些心神不宁。他问我："怎么会出这种事儿？"我告诉他："他们对你撒谎了。"

在哈佛商学院，教授们不会告诉你，上市公司会对你撒谎。我解释说："听着，你打电话的时候，他们知道每股收益是 0.77 美元，而非 1.20 美元。但是，如果他们告诉你了，那他们就必须告诉每一个人。显然，他们不愿意这样做。或者，如果他们告诉你了，而不告诉其他任何人，你知道的信息就属于内幕信息，而法律又不允许你利用内幕信息进行交易。或许他们不是在撒谎，只是他们的容忍度比你高很多。即使他们实际的每股收益是 0.77 美元，他们对你做的 1.20 美元的预测还是很满意。"

公司财报里有什么值得关注的好信息吗

关于基本面分析有一句老话："读年报要读附注，因为所有有价值的信息都藏在那儿。"上市公司会尽可能隐瞒这类信息，但是，如果这些信息必须在财报中披露，他们就会把它放在某个地方的附注里。所以，大多数做基本面研究的人很快就发现，重要的不是数字，不是报告，当然，也不是报告前面那些冠冕堂皇的话。真正有价值的信息，都在附注里，藏在后面。而且，字号非常小。

不过，你还是不能只根据上市公司发布的报告去买股票，不管你对这家公司有多了解。

在你看到这些数字的时候，它们已经在股价上反映出来了。股价是一种折现机制。例如，经纪公司的分析师会推测，本季度每股收益会从上季度报告的 0.25 美元，增长到 0.50 美元。随后股价就会上涨，对这种推测做出反应。然而，如果实际上每股收益虽然增长了，但只增长到 0.45 美元——"仅有" 80% 的增长，那么股价就会下跌。俗话说："听到传言时买入，看到新闻时卖出。"但是，小投资者既不会及时听到传言，也不知道如何根据新闻交易。

另外，多数时候，华尔街都会把你折磨得筋疲力尽。

资深股市分析师理查德·罗素（Richard Russell）曾说过："在布罗德街和华尔街的拐角处，聚集着比地球上其他任何地方都要多的人类的智慧。"这话说得没错。而且，华尔街（的人）有的信息比你有的更多，也比你买得更早。他们听到传言后，会立即行动。

通常，在新闻发布之前，股价就已经反映了新闻的内容。

股票和发行股票的上市公司不同，它们是两码事。有时，上市公司运营良好，而股票却表现欠佳。沃伦·巴菲特（Warren Buffett）那样的投资者买的是公司，而不是股票。如果我为这类投资者工作，我会分析上市公司，然后得出完全不同的结论。但我并不是为他们工作，我将拥有的一切，就是一张代表公司部分所有权的小纸片，它唯一的价值就是股票的价格。

这就是大多数投资者将拥有的一切。作为一名投资者，这也是你应该关心的一切。

让我们先明确一点：你**确实**是一名投资者。

或者让我们假设你是一名投资者。令人惊讶的是，并不是每个人都愿意接受这样的假设。这个假设，也决定了你进股市的唯一目的：**赚钱**。你不会为了想证明你对 Fubar 公司的直觉是正确的，或者为了确信可以用家猫的粪便制取生物燃料，以及其他一些类似的事情，就进入股市。你不想被称为先知，甚至也不想写书，你只想赚钱。如果，有一天你意外赚了10 美元，而第二天靠买 Fubar 公司的股票赚了 7 美元，你一定知道：10美元比 7 美元更实在。

技术分析只关心股价——你持有的股票的价格。这是投资者投资的起点。

技术分析用历史价格预测未来价格。

这次不同吗，高效的计算机技术不是创造了一个全新的范式吗

天哪！投资圈里代价最昂贵的两个说法就是："这次不同"和"这是一个全新的范式"。

"这次不同"是用来证明高估值的合理性的，然而历史从未证明高估值是合乎理性的。高估值是由投机者的贪婪造成的，往往会演变成投机泡沫。但是，当你身处泡沫之中，你很难看出这是一场泡沫。这一次，**从来没有**什么不一样的地方。

怎么知道什么时候是泡沫？一种办法是，当看到某一领域对某类金融工具的需求非常巨大，以至于整个华尔街都在竭尽全力创造它，把它推向市场，并且都开始大把赚钱的时候，基本就是泡沫了。华尔街最擅长干这

事儿。

的确，有时会有"全新的范式"。但是，用不了多久，这些"全新的范式"就会成为常规范式。铁路、20 世纪 60 年代的"电气繁荣"（Electronic Boom）、"漂亮 50"（Nifty Fifty）、互联网和电子商务，接着又是云计算和新能源，所有这些都提高了效率，但很快就被（或将被）市场纳入考虑之中。

第 2 章

什么是技术分析

美国飞利凯睿公司（Brean Murray）的约翰·舒尔茨（John Shultz）是市场技术分析师协会（Market Technicians Association，MTA）的创始会员。我在 1972 年参与了这个专业组织的创建工作，在第 24 章，我会更详细地介绍这件事情。MTA 的纲领性文件之一是《MTA 的原则与政策》（*MTA Principles and Policy*），约翰·舒尔茨在 1972 年撰写了这份文件，后来他被尊称为 MTA 的托马斯·杰斐逊。虽然《MTA 的原则与政策》并没有在 MTA 官网发布，但我认为，迄今为止，这是关于技术分析写得最好的一份材料。它准确诠释了什么是技术分析，以及为什么技术分析是投资过程中必不可少的组成部分。对于我们来说，这份文件是最佳的起点。

请允许我补充一下：1979 年约翰荣获该年度 MTA 终身成就奖，那一年我是轮值会长，我很荣幸能在年度研讨会上为他颁奖，参见图 2-1。

图 2-1 沃尔特·迪默为约翰·舒尔茨颁发 MTA 终身成就奖

MTA 的原则与政策

MTA 主张，在努力实现投资者本金保值增值的决策过程中，对股价运动及其背后的供需关系进行技术分析，可以发挥重要作用。

MTA 之所以提出这一主张，是基于以下考虑：

技术分析直接处理的是一个极普遍的、毫无争议的事实：通常，在任何给定的时间内，股票的市场价格未必与它的内在价值一致，也确实会与它的内在价值不一致。而且，内在价值本就一直备受争议。在处理经常存在于市场价格与潜在价值之间极具弹性的差异时，与传统的"基本面"价值分析相比，技术分析能更有效处理投资者信心变化所引发的诸多问题。因此，只要涉及特定的一般股票和整个股票市场，可以适度地将技术分析和基本面分析视为两种互为补充的手段；

实际上，它们确实是相互依存的。

从更广的视角来看，技术分析本身的研究范围，也涉及对整个股市产生影响的供需关系，以及供需关系未来的潜在变化。供需关系的潜在变化，会推动未来的价格运动。为此，技术分析的研究范围已扩展到过去、现在、可预见的未来的货币流动，以及银行业统计数据、利率等方面。在这个领域里，技术分析的研究边界，与经济分析和证券基本面分析最接近。因为资金流动会影响股价及公司收益，而且，利率的变化趋势会影响当前的市场估值，以及对每股收益和分红的预期。

此外，价格趋势的持续性和投资者行为模式的重复出现，使技术分析师可以对潜在的有利或不利的投资环境进行识别和预测。的确，对投资者心理的极端反应进行识别，是市场技术分析师在投资技术领域的独特贡献之一。

总之，MTA 主张，在为投资决策提供"合理依据"的时候，对股价运动及其背后的供需关系进行技术分析，是一个有效的、不可或缺的决策要素。

MTA 致力于尽可能广泛地传播这些原则，并取得广泛认同；同时，还将促进所有成员在技术分析范畴内的所有领域，达到专业行为、努力和学术的最高水准。

什么是技术分析

如何定义技术分析（technical analysis）？

首先，让我们界定一下技术分析不是什么。

有四种常见的分析类型。

最常见的一种是基本面分析。基本面分析师主要研究上市公司。他看着英特尔的年度报告，然后说："这家公司管理良好，现金流充足，而且，销售连续 10 年保持增长。我认为，我应该买点儿它的股票。"

第二种是经济分析。经济分析师会翻阅《华尔街日报》和一些统计数据，然后说："预计今年会有更多人买电脑，那么，芯片市场会表现不错，所以英特尔可能是一个不错的标的，因为它是市场龙头。我认为，我应该买点儿它的股票。"

第三种是随机漫步。随机漫步者心里认为，如果英特尔是一家管理良好的公司，如果今年夏天人们真打算买电脑，那么股价就已经体现了这些信息，因此所有股票都处于合理的估值水平。所以，整个选股过程没什么意义。于是，这位随机漫步者放弃任何类型的研究，然后说："我认为，这周我会买入每一只 5 个字母并且以元音开头的股票。"最后，他买了 100 股英特尔（英特尔公司名为 intel（5 个字母，i 为元音））。

> 股票市场不是随机漫步的，不管学者们希望你相信什么。
> 前面提到的约翰·舒尔茨给出了最好的理由："股票市场不是
> 随机漫步的，因为价格变化会迫使投资者做出反应。"

然后是**技术分析**。这也是你希望选择的道路。

技术分析师只关注一条与上市公司有关的信息——股价。他买股票，仅仅因为他相信：基于这只股票过去的表现，股价会上涨。这是所有股票投资中最基本的部分。请记住：**股票不同于上市公司**。股票只是代表一家公司部分所有权的一张纸片。任何人买这种小纸片，唯一原因就是：认为能在今后以更高的价格卖给别人。

那么利用技术分析型投资策略，投资者可以忽略噪声和喧嚣，直奔资本角逐的主题——赚钱。这场资本角逐的游戏就是这样。

聚焦价格

技术分析师会分析自己实际买入和卖出的东西。他买的不是这家公司或者它的前景。他买的是股票。

记住，**股票只对持有者有价值，对发行它的上市公司没有价值**。股票代表的那家公司不久前发行了股票——有时候，是很久之前发行的。现在，股票只是一张张纸片，它们独自存在。公司不会从此后的股票交易中获得什么收益。这些股票不是公司发行的原始股：它们四处乱窜，它们被交易，被操纵，被谈论。传言影响它们的价值。

但是，它们目前的价格，就是它们唯一的价值。

这也是你必须要处理的和唯一难处理的数字。

因为华尔街唯一真实的数字就是股价。这是唯一不能被捏造的东西。它可以被操纵，但不能被捏造。现在，就在这一分钟，你可以确切知道你的股票的价格是多少。你可能不认同这个观点，你可能认为这个观点太离谱了，但这就是事实。它不会进行季节性调整，也没有标准化，就是这个价格，以美元计价的价格，你的股票现在就值这么多钱。明天早上它的价格就会不一样了。而且今天早上的价格也不一样。但是，现在的价格，就是它的价格。

因此，从根本上说，技术分析师关注的就是分析股价，而不是分析其他任何东西。现在价格是多少？它会怎么走？

只有两个方向可以选择——向上或者向下。

专注于趋势

投资者使劲盯着预言球，企图弄明白**为什么**股票能上涨或者下跌。然而，他们不应该这么做。甚至，在一切成为既定事实（他们视若至宝的股票突然快速下跌 10%）之后，他们也永远不可能知道某一天股价上涨或下跌的真正原因。对于每一次价格变动，都可能有许多外部原因和无数内部原因。

股价变动的原因，可能与公司正在发生的事情有关，或者无关。股价可能因为公司报告的每股收益更好（或更坏）而上涨（或下跌）。股价可能因为中东某地发生了国际事件而下跌（或上涨）；石油价格发生变化；突发的政治事件；突发的宏观经济基本面的事件；某个高频交易者突然大笔买入，或者大笔卖出；或者某个基金经理起床时无缘无故心情不好，于是就决定卖掉它。在某个对价格有足够影响力的人决定卖出股票那一天之前，公司其实未发生任何变化。

那么，是什么导致了价格变化？

所有的价格变化都是由供需失衡导致的，就这么简单！要么卖家比买家多，要么买家比卖家多。任何创造或改变供需的东西，都是精明的技术分析（投资）者感兴趣的东西。

技术分析如何预测价格变化？

经典的技术分析，意味着通过分析过去的价格趋势（trend）来预测未来的价格走向。分析师通过观察历史价格，判断过去价格运动的模式、趋势和动量，然后试图推断未来的价格变化。

最基本的一点是，要记住，**趋势确实存在**。随机性表明，在任何一天，股价都有 50% 的可能性上涨，也有 50% 的可能性下跌。但是，我们都知道，实际并非如此。价格可能在某一天上涨，第二天又下跌，但随着时间的推移，价格会呈上涨趋势，然后又呈下跌趋势。因此，如果一只股票在 1 月上涨，它有超过 50% 的可能性会在 2 月继续上涨。同样，3 月也是如此。处于运动状态的物体，趋向于保持原有的运动状态。

跟踪遵循某种模式的运动，可以帮你做出更好的买卖决策。

做投资者，而非交易者：培养长期投资的思维模式

近十年来，技术分析越来越多地被应用到越来越短的时间框架之内。市场参与者使用技术分析跟踪形态和趋势变化，以及在非常短的时间框架内（许多情况下是每分钟）发生的动量转换。但是，投资者应该以长期投资为目的进行技术分析，拒绝短期价格波动的诱惑，拒绝用技术分析对超短期的价格走势进行预测。

这里需要引述肯·萨菲安（Ken Safian）的话。他和肯·斯迈林（Ken Smilen）在 20 世纪 50 年代末提出了**双重市场原则**（dual-market principle）。肯·萨菲安曾对我说："不幸的是，大多数技术分析师的短线定位给我们所有人带来了坏名声。"这句话让我印象深刻，我把它写在纸上，多年后，我仍然用这张纸提醒自己：技术分析的真正价值在于分析长期趋势，而非日内趋势。

为什么要将技术分析应用于更长的时间框架之内？

首先，虽然个人投资者通过他们的电脑和互联网交易账户进行超短线交易非常容易，但是对他们来说，要想通过超短线交易赚钱却非常困难。

看看经纪公司提供的交易服务。你以为经纪公司提供的交易系统是为谁开发的？它是为了让经纪公司获利，而不是为你。所以，你的交易软件里有很多技术分析的工具——鼓励你频繁交易的各种数字和图表。你交易得越频繁，经纪公司的佣金收入就越高。他们把你刺激得越想赚钱，他们就越能赚到钱。

而且，华尔街向来就是短线交易员的交易对手。

现在，拥有互联网交易账户的个人投资者的竞争对手是高频交易者（HFT）。高频交易者依托大型计算机系统进行数据分析，在几毫秒之内完成程序化交易，这使图表变得无关紧要。你刚在屏幕上调出技术分析图表，计算机的高频交易算法就已经做出响应，并完成了买入和卖出股票的全部过程。

这致使某些高频交易者采取了一些比较荒谬的做法，他们将高频交易服务器托管在交易所服务器旁边，这样他们就不用把宝贵的时间浪费在数据传输上——比如从纽约一路传到波士顿，然后再传回。因为在数据往返的这段时间里，他们托管在交易所服务器旁边的服务器，就已经以毫秒级的速度完成了相关交易。现在，这甚至发展到了一种夸张的地步：从事高频交易的公司，如果想把托管机位放在机房靠近交易所服务器的位置，与放在机房其他地方相比，就需要支付更高的租金。

但是高频计算机交易非常危险。如果有人在计算机编程时出现错误，就可能引发一场灾难。过去，如果有人发送一笔 100 万美元的买入委托，他把买入金额误填成 10 亿美元，就会有人核对委托单，然后说："哦，估计他把逗号写错了地方。我得问问是不是这么多。"计算机可不会这么做，它们只会自动执行命令，然后，各种卑鄙的、令人讨厌的事情就发生了，因为你已经取消了人工审核。在人工介入之前，交易就已经进行了。于是，突然之间，这笔交易就成了早晨六点钟的新闻。

回头看看 2010 年 5 月发生的"闪崩"（flash crash），当时，道琼斯指数在几分钟之内下跌了 600 点，随后又在几分钟之内上涨了 600 点。位于美国中西部的一台计算机收到的指令是，每五分钟卖出的标准普尔期货合约数量，不超过前五分钟成交量的 30%。但是，不知道为什么，那些本以为无所不知的程序员忘了告诉计算机，如果价格直线下跌，且成交量占比达到 30%，就应该对委卖价格进行必要的限制。

这台计算机不仅一笔交易就占了 30% 的成交量，它还推动市场下行。而且，由于行情变化，计算机每五分钟就会做出一次响应。当时价格正在断崖式下跌。没有人考虑到让计算机在发送委托单之前，再检查一下是否价格正在下跌。程序员忘了设置那个不起眼的参数。那些与此相关的人，也没有一个说："嘿，也许我们应该在按下按钮之前，再检查一下。"

所以，计算机交易是个问题。而且，通过计算机完成的短线交易量也大得惊人。有人告诉我，计算机交易在每日总成交量中的占比超过 60%，有时甚至高达 80%。

机构投资者都明白这一点。他们知道，在某种程度上，这是他们与机器之间的对决。但是，在某种意义上，他们也是机器。他们控制算法。从成交量来看，数学博士的交易量，要远高于那些了解行业和经济的人所完成的交易量。

然而，问题远不止于此。

复杂性

市场和指数的数量在激增，相互之间的关系也越来越复杂（complex）——现在，一切都是相互关联的——期货、期权，还有交易所交易基金（exchange-traded funds，ETF，它们是一篮子股票）。所以，举例来说，如果你委托买入或卖出一只标普 500 指数成分股，那么标普 500 指数期货合约、标普 500 指数期权、与标普 500 指数相关的 ETF，还有很多板块型 ETF，以及一大堆的其他东西，都会联动起来。琳达·拉施克（Linda Raschke）曾在美国职业技术分析师协会（American Association of Professional Technical Analysts）的一次会议上说过："大家都坐在那儿看盘，突然有人下了一张委托单，于是大家都蜂拥而上。"

那张委托单只买了一只股票，就让整个市场产生了涟漪效应。假如这只股票的价格涨了，就会导致标普 500 指数发生变化，导致标普 500 指数相对于罗素 2000 指数的表现发生变化。这只股票，如果恰好是英特尔，还会导致半导体类 ETF 发生变化。此时，半导体类 ETF 相对于科技类 ETF 的表现也会发生变化。算法（algorithm）开始在整个市场的各个角落快速运行起来。

而这一切只是因为你，一名个人投资者，买了一只股票。

现在想想，一家机构买入 10 万股英特尔时会发生什么。突然之间，所有计算机都开始疯狂运转，一切都会相互参照进行调校，成千上万的股票、合约被交易，仅仅因为这一张委托单。几秒钟之间！眨眼之间就结束了。

这一切，留给小投资者的是什么？最后留给他的，只是一堆混乱的短期市场信号。而且，不会留给他任何可以操作的空间和时间。

这些，都是你不应该关注短线交易的理由。

这就是为什么我不能做短期投资的理由。那为什么我要做长期投资呢？

我们大多数人成年后的大部分时间都会进行投资，主要是为退休储蓄。我们有 30 年、40 年，或者 50 年的兼职投资生涯。投资账户是一项长期资产，而且理应被视为长期资产。

如果你每天都盯着房价，你会有什么感觉？"新闻快讯！飓风正在大西洋东海岸的佛得角群岛外形成，未来两周内可能对佛罗里达州构成威胁。"砰！佛罗里达州的房地产价格跌了 82 个点。"新闻快讯！飓风散了。"砰！佛罗里达州的房地产市场又回暖了。

所以不要一天又一天、一分钟又一分钟地观察市场的短期运动。要看大局。

忽略噪声

投资者应该忽略日常的外部干扰（external distractions），尤其是新闻。

看新闻，会给投资者带来一种温和、模糊的感觉，认为是新闻对他们个人造成了影响。"新闻说核能比我们想象的更危险，我就做空核能，做多太阳能。"

小投资者经常根据新闻做出买入或卖出的决策，但基本都为时已晚。市场动作先于新闻。市场是先行指标，它先于新闻，先于经济趋势。

要始终记住，华尔街聚集着比世界上其他任何一个地方都要多的精英。这些人都在试图弄清楚股票的价值应该是什么。他们拿到了世界一流大学最好的学位，他们用最好的计算机，他们的研究部门没有任何限制，他们使用各种不同的方法，他们利用基本面分析、技术分析、新闻、传言，甚至占星术——使用任何看起来有用的东西。

因此，股票市场聚集着各式各样的智慧。

而且，所有精英会集体发声，说："我觉得可能会发生某些不好的事情。"然后，某些不好的事情就真的发生了。股票市场是一种折现机制。它能预见到将要发生的事情。在事情发生之前，它就会告诉你将要发生什么。

财经新闻想对股票上涨或下跌的原因做出解释，但新闻媒体总是从因果关系出发做出解释。他们会说，"昨天市场下跌，是因为投资者对中东日益紧张的局势感到担忧。"或者，"昨天市场上涨，尽管投资者对中东日益紧张的局势感到担忧。"这两种说法的背后，却是同一个理由。他们根据这两种说法，写两篇稿子，然后等到一收盘，就选一篇合适的稿子发出去。这样的解释与事实没有任何关系。读者们"需要"知道理由，并且他们也为读者们提供了理由。

新闻会影响市场吗？当然会。完全出乎意料和无法预知的事件，总会对市场产生影响。然而，更常见的是在长期牛市或熊市的后期。在熊市里，当股票已经被低估的时候，更多的坏消息传了出来，投资者会在接近底部的时候集体恐慌；或者，在牛市里，当股票已经被高估的时候，小投资者听到"牛气冲天"的新闻报道，纷纷都想上车，于是，泡沫就出现了。

这，绝不是你想去的地方。

"我的经典建议"之一是看 CNBC（Consumer News and Business Channel，消费者新闻与商业频道），而且像专业人士一样——把声音（sound）关掉！在 20 世纪 80 年代，我的办公室里有两台电视。一台调到 CNBC，另一台调到 CNN（Cable News Network，美国有线电视新闻网），全部关掉声音。在 1990 年海湾战争期间，所有的交易室都把 CNN 显示屏放在 CNBC 显示屏的旁边。现在，全世界的每个交易室都有这样的摆设，但如果你仔细观察，你就会发现所有交易室里的 CNBC 显示屏全都关掉了声音。

一般情况下，新闻并不重要。下面的小故事就是一个很好的证明。

· 当肯尼迪遇刺之后 ·

我在华尔街最难忘的一天，是我第一次在华尔街工作的那段日子里的一天。

1963 年夏天，作为美林公司的实习研究员，我开始了在华尔街的职业生涯。11 月，我到电话咨询处工作。咨询处负责对分支机构在调研方面的有关问题进行解答。

美林公司的行情监控室就在紧邻我们办公室的拐角处，因为当时没有电子报价机，我们只能去那儿看行情。那里有六张桌子，呈长方形一字排开。第一张桌子的右上方是一台老式股票报价机，这台报价机每分钟能传输 500 个字符，它的正下方是美林新闻社的专线收报机——一台又大又笨重的落地式电传打字机。行情报价带就在这六张桌子上方与视线平齐的位置打印出来。比尔·欣森（Bill Hinson），资深报价带研读专家，坐在第一个位置；他的助手吉姆·舒斯特（Jim Schuster）坐在中间的位置；福里斯特·弗雷（Forrest Frey）坐在最远的位置，他的左手边是一台道琼斯新闻自动收报机。如果不站起来，或者使劲儿探脖子，他们三个就没人能看见美林新闻社的专线收报机，所以，如果谁刚好站在自动收报机前查看市场行情，就都会大声读一下头条新闻。

11 月 22 日下午早些时候，我抽空到他们那儿看市场行情。我正倚着专线收报机看报价带，那台电传打字机开始慢吞吞、一字一顿地打印出 "F-L-A-S-H"（快讯）这个词。铃声响了四遍。

专线收报机随后一字一顿传出一条即将震惊世界的新闻：

"UPI[⊖]报道：肯尼迪身负重伤，危在旦夕。杀手在达拉斯袭击了总统车队。"[⊜]

道琼斯自动收报机还没有收到相关报道，所以，当时我们都站在那儿，张着嘴，说不出话来。后来，我们得知，是我们二楼美林通讯社的新闻采编室在转发这篇从 UPI 专线传来的新闻。这是 UPI 的独家报道。

枪击事件发生时，UPI 的梅里曼·史密斯（Merriman Smith）坐在跟随总统加长轿车的新闻采访车前排座位上。史密斯刚好坐在仅有的一台无线电话旁。所以，枪击发生后，他马上拿起无线电话，向 UPI 办公室口述这条快讯。美联社（Associated Press）的记者坐在后座，使劲抢电话，但最终还是没能与美联社总部取得联系。所以，UPI 发出了第一则通报，而不是其他通讯社。

负责美林通讯社的比尔·卡普（Bill Karp）早就看到了 UPI 的新闻，但一直在等待确认。等了大概一两分钟后，新闻采编室里的另一个地方也响起了铃声，他马上开始口述快讯。所以，我

⊖ United Press International，合众国际社。
⊜ 我复印了一份那篇报道的专线打印稿。你可以在图 2-2 中看到它——这是那个灾难性的下午传送过来的原件的复印件。

们的报道比道琼斯的早了三分钟。

股票市场对这次令人震惊的突发事件迅速做出反应：开始下跌。当这一切发生的时候，纽约证券交易所的专家们做了他们能做的最好的事情：他们躲了起来。实际上，他们当中有些人在市场下跌时放了空单，这绝对不是他们应该做的，他们因此遇到了一些麻烦。市场继续下跌。美林通讯社的第一则通报是在下午 1 点 39 分发布的。道琼斯通讯社的第一则通报是在下午 1 点 42 分发布的。由于投资者陷入恐慌，股价暴跌，下午 2 点 07 分，管理层关闭了交易所。（道琼斯工业指数在下午 1 点 30 分时是 735 点，到交易突然中断时，已经跌到了 711 点。）

面对可能出现的投资者恐慌，美林决定各分公司周六继续营业，要求骨干员工加班，并召集志愿者到电话咨询处帮忙。我住的地方到办公室只需乘两站地铁，所以我也自愿去帮忙。

周六，我到了办公室，楼里静得可怕。我们三四个人围坐在那儿，没什么事可做。那天没有任何一个有关遇刺事件，及其可能的后续影响的咨询电话打进来。事实上，那天解答的唯一问题是关于凌－特姆科－沃特公司（Ling-Temco-Vought，LTV）的，那是一家很老的大型企业集团，当时它正在进行复杂的业务分拆，分拆成三家子公司：一家体育用品公司，一家制药公司，一家肉类制品公司（华尔街戏称之为"摔炮、蠢蛋、笨蛋"）。我们的一家分支机构来电询问有关分拆方案的问题。

交易所被关闭的那天是周五，道琼斯工业指数从 735 点跌到了 711 点。不过，后来在下一个周二重新开盘的时候，道琼斯工业指数一举收复了之前的跌幅，随后仿佛什么都没有发生过，以743点收盘。投资者们意识到，美国会继续存在。尽管发生了一些可怕的事情，美国人还是要继续前进。

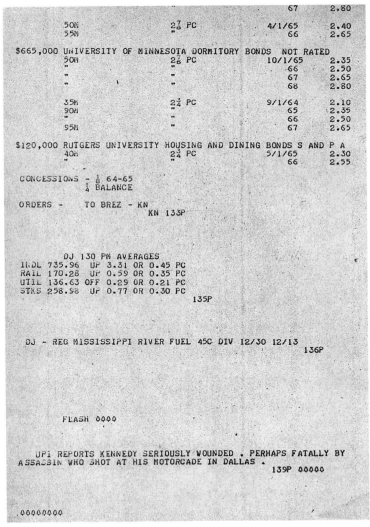

图 2-2　约翰·肯尼迪总统遇刺的突发新闻报道复印件

第 3 章

十大市场法则

鲍勃·法雷尔十大法则

鲍勃·法雷尔的全部职业生涯都在美林度过，毫无疑问，他是最受尊敬的技术分析师。有多受人尊敬？很久以前，在佛蒙特州举办过一场相反观点论坛（Contrary Opinion Forum），原定周五晚上举行的会议被迫推迟，因为鲍勃是当晚《华尔街周刊》节目的特邀嘉宾，我们都聚在电视机前看他的现场直播，都没去会议。

我刚大学毕业的时候，有幸在美林为鲍勃工作。我那时很容易受影响，渴望学习。他的教导总是很简洁，逻辑性强，而且都是用简单的英语讲述出来的。很幸运，我在华尔街的整个职业生涯里，他都是我的导师，我一直努力遵循他的教诲，无论在事务上，还是在风格上。

2001 年，鲍勃公布了他的"十大市场法则"（Ten Market Rules）。这十大法则包含了技术分析背后的基本准则——比"十诫"之外的任何十条律法都更有智慧。

互联网上流传着不同版本的十大法则，于是，我问鲍勃哪个是他的"官方"版本。这里是他发给我的版本——而且增加了最新的第十一条法则。经鲍勃允许，我得以引用这十一条法则：

1. 随着时间的推移，市场往往回归均值。（Markets tend to return to the mean over time.）

2. 一个方向的极端走势，必将导致反方向的极端走势。（Excesses in one direction will lead to an opposite excess in the other direction.）

3. 日光之下无新事——极端走势从不会持久。（There are no new eras，excesses are never permanent.）

4. 指数式急速上涨或下跌的市场，通常会走得比你想象的还要远，但是，它们不会以横盘整理的方式进行修正。（Exponentially rapidly rising or falling markets usually go further than you think，but they do not correct by going sideways.）

5. 公众投资者在顶部买得最多，在底部买得最少。（The public buys the most at a top and the least at a bottom.）

6. 恐惧和贪婪远比长期投资的信念更强烈。（Fear and greed are stronger than long-term resolve.）

7. （牛市）……市场在宽广到大多数股票都表现良好的时候最强，在狭窄到仅有少数蓝筹股表现良好的时候最弱。（[Bull]…markets are strongest when they are broad and weakest when they narrow to a handful of blue chip names.）

8. 熊市有三个阶段：急跌，超跌反弹，（和）长期的根本性的下跌趋势。（Bear markets have three stages：sharp down，reflexive rebound，[and]a drawn-out fundamental downtrend.）

9. 当专家意见和预测一致时，则会发生另外一些事情。（When the experts and forecasts agree，something else is going to happen.）

10. 牛市比熊市更让人开心。（Bull markets are more fun than bear markets.）

以及鲍勃的新法则是：

11. 尽管商业环境会变，上市公司和证券会变，金融机构和监管规则会变，但人性的本质不会变。（Though business conditions may change，corporations and securities may change，and financial institutions and regulations may change，human nature remains essentially the same.）

我不想擅自给这些法则中的任何一条做注释。每一条法则都有它自身的价值，它们按照大师最初写下时的样子印在这里。不过，我想用一分钟时间解释一下为什么我如此看重这些法则。

要知道，技术分析的范畴远远超出了机械地对一张图表或一些数据做出解释。它远远超出了简单地看一眼你能找到的最好的图表和技术指标。鲍勃·法雷尔的法则让你超越基础，让你思考股票市场和你的投资，不要仅仅通过机械地解释一些规则来遵循它们。

换言之，鲍勃·法雷尔的法则旨在让你理性地看待市场，而非机械地看待市场。把自己提升到更高的层次，会帮助你成为一个精明的技术投资者。

第二部分

DEEMER ON TECHNICAL ANALYSIS

原则与应用

第 4 章

原则：供需关系与情绪

技术分析的两个基本原则是供需关系和情绪。这两个原则应用于技术分析时，有其特殊的定义和参数，因此我们会分别对其进行简要讨论。

供需关系

投资者只需处理一个绝对可靠的数字——价格。每当愿意买的人和愿意卖的人做一次交易，就确定一次价格。

卖家和买家在数量上从来不会处于均衡状态。有时买家比卖家多，会推动股价上涨。股价上涨导致乐观情绪或牛市。而卖家比买家多，会推动股价下跌。股价下跌导致悲观情绪或熊市。

技术分析师不问为什么一只股票被买入或者卖出。我们根本不在乎。我们只需要知道实际的交易情况：发生了什么？价格改变了？价格上涨了，还是下跌了？出现了更多的买家，还是更多的卖家？更多的需求，还是更多的供给？

可以通过多种方式观察供给和需求。观察价格变动，是最可靠的方式。

不过，使用其他手段，也可以观察供给（supply）和需求（demand）。总成交量、价格波幅、期货和期权市场，这些都可以对供给和需求的各个方面进行衡量。但最终，一切都归结到一个简单的东西——价格上。

情绪

市场情绪（market sentiment）是一个非常重要的概念。但是，当它和投资联系在一起时，很多人就无法理解了。有时，他们认为技术分析师衡量的"情绪"，是投资者做出买入决策时的"情绪"。然而，这个观点显然本末倒置了，因为我们不可能知道每个投资者的感觉。

每个人的买卖决策都不同。决策可以是理性的或非理性的，基于市场的或非市场的。如果今天某个人看足球比赛，他喜欢的球队输了，他感到很气馁，就打算明天卖掉一些股票。如果他喜欢的球队赢了，他可能就会采取不同的做法。因此，事实是，今天一个球队输了，某人因此感到懊恼。而这个事实，又影响了股票的价格。

有人可能说："因为木星和土星相冲，所以我得卖掉医药股。"你可能会认为这是你听过的最荒谬的一件事。但是，如果有人因此走进营业部卖出医药股，他就是在影响市场。所以，就连占星术也会影响市场——不是通过因果关系，而是通过衍生关系。因为它导致某个人去做某件事，从而使证券价格上涨或下跌。

同样的情绪，甚至会引起不同的反应。比如说，如果一家名为"过度

交易"（Overtraded.com）的网站公布的收益好于预期，那么，情绪相同的
投资者（"嗯，收益好于我的预期"）可能会采取不同的行动。一个投资者
可能会买入（"这是利好！"），另一个投资者可能会卖出（"已经出利好了，
他们接下来还会出更大的利好吗？"）。这两个人的决策都有充分的理由，
但是，最终只有一个人会在市场上获胜——股价走势会告诉你谁赢了。

市场情绪反映了投资者的想法和感受，不过这需要用他们对市场的
反应来测量，也就是他们以盈利为目的实际卖出或买入股票的行为。通过
买入和卖出，他们使股票价格上下运动，并且改变了买家和卖家的数量对
比。更多的买家→价格上涨→市场乐观；更多的卖家→价格下跌→市场悲
观。市场行为（以及人类情感对市场行为的反应）创造了情绪指标。你不
需要了解**为什么**情绪会出现，只需要知道它确实存在，而且可以被测量。

有很多成对的形容词可以用来描述市场情绪：**乐观**（或**热情**）和**悲观**，
繁荣（或**欣喜**）和**绝望**。在极端情况下，乐观有时被称为**非理性繁荣**或**狂
热**。如果说它们有什么不同的话，它们仅仅是程度不同而已。一端意味着
投资者是积极的，另一端则意味着投资者是消极的。

在乐观时期，衡量的是贪婪——投资者认为将来他们可能会赚多
少钱。在悲观时期，衡量的是恐惧——投资者认为将来他们可能会赔多
少钱。

这跟市场对新闻的反应非常相似。市场会对它认为将要发生的事情做
出反应，而不是现在发生的事情。如果投资者认为价格会继续上涨，他们
就会按照上涨的假设进行操作。相反，如果他们认为价格会继续下跌，他
们就会按照下跌的假设进行操作。

所有股票，所有市场板块，乃至整个市场，都会经历乐观时期和悲观

时期。它们呈上升趋势，或者呈下降趋势。这为精明的技术投资者创造了买卖机会。

情绪究竟有多重要？据说，在股市里，一个好的心理学家比一个好的经济学家更容易赚到钱！

乐观与悲观的概念和高估与低估一样吗

不一样。**高估**（overvalued）与**低估**（undervalued）是基本面分析师使用的概念，指的是公司相对于其股价的状况。**乐观**（optimism）与**悲观**（pessimism）则是技术分析术语，指的是投资者如何看待股票价格。此外，**高估**是一个统计学概念（"相对于收益而言，价格过高"），**乐观**则是一个心理学概念（"价格是有点高——但它甚至会涨得更高"）。

股市最极端的情绪会出现在哪儿

恐惧是一种比贪婪更为强烈的情感，所以熊市比牛市更情绪化。熊市尤为情绪化，因为新闻报道极为负面；而作为对负面新闻的回应，投资者的情绪也被引爆。最极端的情绪，出现在熊市底部。

非理性繁荣时期（如科技股泡沫时期）顶部是什么样的

在牛市，有时候价格看起来已经涨得比预想的幅度更高，时间更长，速度更快。在极端情况下，它们可以催生泡沫，但泡沫终将破裂，并造成灾难性的后果。从 2000 年开始的科技股崩盘就是其中的一个例子。大型专业投资者早就撤出来了，但在小投资者的推动下，市场继续上涨，超出了大多数人的预期。后进入市场的投资者认为，价格会这样一直涨上去。

这是此前讨论过的非理性信念的例子。"这是一个全新的范式。这次不同。"

事实上，投资领域代价最高的四个词就是"**这次不同**"。这次，它会涨个不停。这次，规则不起作用了。这是真的，不过，仅仅是在它不再继续上涨之前，仅仅是在规则再次发挥作用之前——因为规则终将发挥作用。

什么是非理性消极，有消极版本的泡沫吗

的确，市场下跌会导致紧张，然后是担忧，然后是恐惧，然后（在市场大幅下挫之后）是恐慌，因为投资者将眼下形势严峻的价格下跌投射到未来（这很容易与通常在大跌之后出现的负面头条新闻联系起来），并在下跌导致的不可避免的、非理性的恐慌之下进行抛售。这次不同。这次是世界末日，价格会一直跌下去。

但是，它们不会一直跌下去。股票仍然有价值，那些上市公司仍然在那里，它们仍然在运转。这一个星期以来，并没有什么变化，只是股价跌了。

无论是向上涨，还是向下跌，投资者都可以告诉自己，这次行为将发生改变，这次将有所不同。

但事实并非如此。从来不会！

不论是非理性高估的行情，还是非理性低估的行情，都会周期性出现。它们只是长期市场循环的正常组成部分。非理性行情并非总是存在于每一个波峰和波谷，但技术分析师期待非理性行情的出现，并为此做好准备。俗话说："横有多长，竖有多高"，或者"顶有多大，跌有多猛"。某

一方向的大幅单边行情，会导致相反方向的大幅单边行情。

不幸的是，你能真正了解情绪的唯一方法就是经历几次周期——亲身体验顶部的兴奋和底部的绝望。这些感受，无法用文字准确描述。例如，在 2008 年底和 2009 年初的底部，情形到底如何，文字无能为力。

下面是一个例子：

2008 年 10 月初，一个星期四的下午，我坐在佛蒙特州相反观点论坛的听众席上。演讲者向我们保证说，标普 500 指数（前一天跌到了 985 点的位置），将在 960 点遇到支撑。当然，如果支撑无效，将在 940 点见底。随即，后排就有人挥舞着 iPhone 大喊："它刚报收 910 点。"

第二天，周五，道指低开 700 点。我坐在观众席上看着电脑。你根本无法从一本书里了解到，当市场头一天暴跌超过 7%，第二天早上又直接低开 7% 的时候，自己内心所承受的痛苦有多么令人难以置信。你根本没有办法准确描述那种感受。这是一个非常、非常艰难的经历，非常情绪化。

技术分析如何处理市场的非理性行为

底部和熊市后期非常难分析处理。对一般投资者来说，似乎任何地方都不合理。市场一路下滑，对好消息和坏消息都置之不理，对经济变化也置之不理。

不过，长线技术分析会通过两种方式处理底部。首先，在市场底部，重要的是，要在日线以上级别的周期内进行思考。每天的行情变化很可能是极端的、非理性的。其次，我们使用逆向思维（它的假设是，如果每个人都非常悲观，他们迟早会出错）。投资者最好在场外观望，或逆势而动。

熊市后期，似乎所有基本面指标和经济指标都失效了。心理状态（情绪）正在压倒一切。贪婪已被遗忘，恐惧正在肆虐。

但是，就是在这种市场环境下，才是应该买入的时候。多年以来，我已经说过很多、很多次："到了该买的时候，你反倒不想买了。"

· 渔船寓言 ·

20 世纪 70 年代，我负责帕特南的市场分析部门。不过，帕特南的基金经理都是基于基本面分析的投资者，他们认为，自己的工作是买入基本面表现最好的股票，而不用担心市场状况。

然而，在熊市末期，即便是最好的股票，也会日复一日跌个不停。在某个熊市期间，我反复告诉基金经理，即使他们最看好的股票，也会持续下跌。不过，直到他们都听腻了，我还是没有办法让他们理解，熊市甚至会压倒基本面。

于是，最后我写了这篇《渔船寓言》(*The Fable of the Fishing Boat*)。我认为，这是我写过的最好的东西。

这里按 1978 年我在帕特南发布的原件的复印件整理。

公司内部备忘录

致：投资部

自：沃尔特·迪默　　　　　　　日期：1978 年 1 月 12 日

渔船寓言

从前，在北大西洋有一艘大型渔船。一天，船员们发现气压急剧下降，但是由于天气暖和，阳光明媚，一切看起来都很宁静，他们决定不理会它，继续捕鱼。

第二天天刚亮，暴风雨来了，气压进一步下降，于是，船员们决定开会讨论怎么办。

"我认为，我们应该记住，我们是渔民。"第一个船员说，"我们的工作是尽可能多捕鱼，这是每个人对我们的期望。我们专心捕鱼，让气象预报员去担心暴风雨吧。"

"而且，"第二个说，"我还知道，气象预报员都预报说有暴风雨。我们应该反过来想，应该期待一个大晴天，因此，不应该担心天气。"

"没错，"第三个船员说，"要知道，既然这场暴风雨来得这么猛、这么快，那么它可能很快就会过去。暴风雨最猛烈的时候已经过去了。"

因此，船员们决定继续照常捕鱼。

第二天天气状况不断恶化，第三天早上开始下起了更可怕的暴风雨。气压继续下降。船员们又开了一次会。

"情况要多糟，就有多糟。"一个船员说，"只有1974年那次，比现在更糟。我们都知道，那次是极端的气压系统导致的，当时气压中心位于中东。那种情况不会再出现，我们应该期待情况会好转。"

于是，船员们像往常一样继续撒网。但奇怪的事情发生了：暴风雨把特别大、特别好的鱼送到他们的渔网里，但是，又把渔网刮坏了，把鱼都冲走了。气压继续下降。

船员们又聚在一起开会。

"这场暴风雨严重影响了我们的正常工作。"一个船员一边抱怨，一边努力站稳脚跟，"我们错过了太多鱼。"

"是啊，"另一个船员附和道（这时，桌子上所有东西都滑了下来），"而且，我们最近光开会就浪费了太多时间。我们错过了太多可以捕鱼的宝贵机会。"

"我们只需做一件事。"一个船员说。"对！""好！"他们都喊道。

于是，他们把气压计从船上扔了出去。

（编者注：上面这则寓言的手稿，最初是在一座荒岛上发现的，这座荒岛位于从挪威北海岸至斯匹次卑尔根岛（Spitsbergen）的中途。该手稿目前藏于某博物馆。）

沃尔特·迪默

就是最后那一段编者注提到的那座荒岛，使这篇寓言成了我写过的最好的东西。你看，帕特南投资部门的周例会基本都在托管室举行，那里一张巨幅黑白世界地图占了一整面墙。我怀疑，是否哪个基金经理曾看过这张地图。不过，如果他们看过，他们就会发现，在挪威北海岸附近确实有一座荒岛，位于从挪威北海岸至斯匹次卑尔根岛的中途。

它叫：**熊岛**。

| 第 5 章 |

应用：择时与选股

技术分析的基本用途是择时与选股。择时（timing），就是什么时候买入或卖出。选股（stock/sector selection），就是买入或卖出什么股票／板块。

择时

威尔·罗杰斯（Will Rogers）率先提出这样的观点：

"从股市里赚钱的方法是：要一直等到某只好股票开始上涨再买入，一路持有，然后卖掉。如果它不涨，就不买。"

技术分析师相信，有时应该买入，有时应该卖出。即便是表现最好的股票，也应如此。

没有哪只股票会一直上涨。股票价格上涨和下跌有周期性。市场按照一定的逻辑进程不断重演，这个进程可以随着时间的推移进行预测。它们会趋于上涨，也会趋于下跌。股市会周期性地经历乐观时期，随之而来的，则是悲观时期。

对此，鲍勃·法雷尔说得很精辟："精确再现的，不是历史，而是人类的行为。"

市场的所有动作都应按择时的标准进行评估。市场周期是什么？现在处于该周期的哪个阶段？

经纪人说：他从不择时

我们听到的传统观点认为，择时不是什么好做法，因为风险太高。然而，如果稍加思考你就会发现，所有经纪人都会选择市场时机，只是他们不这么说而已。

每当经纪人看见一只股票，说它"被低估"的时候，他正在判断市场时机：现在是买入的好时机。同样，当他发现一只股票"被高估"并建议卖出的时候，也是在判断市场时机。

经纪人说：择时是错误的，因为最大的收益来自市场强劲上涨的那些交易日，如果择时，就可能错过

我经常遇到这样的事：有人向我演示，在市场表现最好的 10 个或 20 个交易日（周），如果长线投资者踏空了，他们可能会错过多少收益，等等，以此证明择时是错误的。

得承认，他们算出来的因为踏空而错过的收益的确很可观。问题是，他们从来没有提过，如果在市场表现最差的那些交易日（周）离场观望，

那么投资者能避免多少**损失**。把整件事情至关重要的另一面考虑在内，情况就会完全不同。

看一下由独立分析师加里·弗里茨编制的统计资料：

从 1990 年 1 月 1 日到 2011 年 5 月 20 日，总计 1 100 周，在此期间标普 500 指数的涨幅是 278%。

如果市场表现最好的 20 周你不在场内，你会亏损 1.3%，而不是获利 278%——这是此类研究通常会统计出来的一个可怕的数字。

但是，加里进一步分析，如果市场表现最差的 20 周你不在场内，你的获利会达到 1 737%。简直不可思议！

接下来，则是我从未见过的令人惊诧的盈亏数据：如果市场表现最好和最差的 20 周你都不在场内，你仍会获利 380%。

这意味着，如果你成功避开了 1990 年以来股市表现最差的 20 周，但仅以错过表现最好的 20 周为代价，你仍然会在比赛中遥遥领先——380%∶278%！

当我第一次向人介绍加里的研究结果时，有人问我，为什么要费劲做这种事呢？因为很难事先确定最好和最差的 20 周，尤其是最好和最差的 20 周往往一起出现在底部。（尽管市场表现最好的 20 周当中，的确有那么几周是在重要顶部之前出现的。）这意味着，如果在表现最差的 20 周（此时市场正进入底部）你不在场内，那么在市场表现最好的 20 周（此时市场从底部反弹）很可能你也不在场内。那么，加里研究的关键发现是，即使你的代价是，在市场跌入谷底和从谷底强劲反弹期间你都不在场内，你仍会在比赛中领先——380%：278%！

我一直说，而且现在仍然这么说：**择时有效！** 这就是它的原因。

你也不必为了成功择时，而必须恰好在底部买入，并恰好在顶部卖出。

借用伯纳德·巴鲁克（Bernard Baruch）的话：

"不要试图在底部买入，在顶部卖出。没有谁能做到这一点，除非是骗子。"

市场择时机制

市场周期一般分为四个阶段：

1. 所有股票上涨，指数也上涨。

2. 多数股票上涨，指数继续上涨。

3. 某些股票上涨，但指数开始下跌。

4. 没有股票上涨，指数也是如此。

怎么知道何时该买，何时该卖

很多信号都是可视化的（visual）（见图 5-1），我们会在图表部分详细讨论。但是，一般来说，正确做法是：跟随主要趋势。在市场上涨时买入，在市场下跌时卖出。华尔街有句老话："千万别跟行情作对。"如果市场正朝着某个方向发展，不要仅仅因为你觉得价格应该有所不同，就以为它会逆转。行情纸带上的价格就是股票应有的价格。价格在上涨，还是在下跌？如果开始上涨，现在就是买入的时机。如果开始下跌，现在就是卖出的时机，你可以以后再买回来。股票只是一张纸，你并没有和它"结婚"。

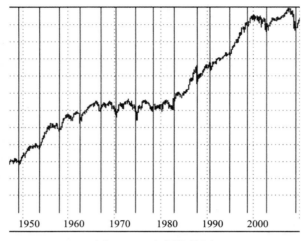

图 5-1　四年周期简图

怎么知道何时买入

很难知道。

从前，在帕特南，有一次我说："我认为市场会下跌。"随后市场的确开始下跌了。基金经理们走进我的办公室，说："啊哈，股市正在下跌。现在是买入的时候吗？"我说："还不是。"后来我们召开周例会。他们问："现在是买入的时候吗？股市已经跌得比较多了。"我说："还不是。"股市进一步下跌，他们来到我的办公室，说："现在是买入的时候吗？"我说："不，还不是。"最后，当我一直对他们说"还不是"说得连我自己都烦了之后，我说了句流传至今、极富传奇色彩的话："到了该买的时候，你反倒不想买了。"

牛市在筑底之后启动。所以，此时市场到处弥漫着悲观情绪，每个想卖股票的人几乎都已经卖了。这时，要关注的重点是：市场何时开始拒绝在传出利空的时候下跌——进而，摆脱坏消息的影响，开始上涨。

记住，**市场先于新闻**。

牛市最好的 10 个交易日，通常是在一个上涨周期开始的时候。这是专业交易员和机构资金进场的时候，此时，媒体还没有机会分析市场究竟为什么会上涨。然后，过一段时间，其他人都会读到新闻，也开始陆续买入。只要买家比卖家多，市场就会继续上涨。最后，每个想买股票的人都已经买了，于是价格停止上涨。

怎么知道何时筑顶结束，怎么知道何时卖出

首要的一点是，评估市场情绪。到了该卖的时候，你反倒不想卖了。

到了某个时点，每个想买的人都已经买了，股价就会停止上涨。这就是牛市的顶部。

在牛市顶部，通常，市场的上涨势头会在很长一段时间内变缓。没人想卖。每个人都很开心。每个人都认为市场会继续走高。报纸上到处都是牛气冲天的标题和报道。要说这消息是导致市场已经上涨的原因，因此，现在也许是时候该考虑逐步离场，开始减仓了，这的确需要一点勇气。

当每个想买的人都已经买了，市场上通常不会有多少卖盘。与大宗商品不同，在大宗商品市场，对稀缺性的担忧会导致价格飙升，而此时股票的价格往往比正常情况下更趋于稳定。

通常，市场的顶部需要一段时间才能形成。通常，都会有时间离场。但永远都要记住：**到了该卖的时候，你反倒不想卖了；在顶部，新闻告诉大家的，永远都是利好——非常大的利好。**

但是，如果你恰好错过在顶部卖出离场（当然，我们当中的大多数人都会错过），那么，能防止小损失变成大损失的做法是：如果股价跌破某

条长期均线，就卖掉你持有的股票。比如说，30周均线。记住——你总有机会把它再买回来。

"通常"都有卖出离场的时机，总是这样吗

并非总是如此。投机泡沫可能导致快速冲顶和崩盘。

1929年，美国股市大崩盘。大崩盘只是下跌趋势的开始。这轮下跌，道琼斯指数从1929年的380点，一直跌到1932年的40点，而且，在图表上几乎没有任何顶部迹象。月线图上几乎看不到顶部，周线图上也没那么大。市场基本是上涨、反转，然后再跌回来。

同样，我们也看到了2000年纳斯达克指数冲顶的过程（见图5-2）。

几乎每个人都能看到，在纳斯达克市场，网络股的快速飙升，已经演变成了一场巨大的投机狂潮。老练的投资者几乎都在市场顶部到来之前，就早早离场了。但市场如此疯狂，导致大量的公众资金涌入市场，推动"旋转木马"继续旋转，游戏继续进行，在原本应该结束的时候，继续狂欢。但是，当纳斯达克指数最终发生反转的时候，反转来得非常迅猛。

不仅是股票。在1980年，当黄金（价格）冲到850美元高位的时候，反转和顶部的时间也仅仅只有一天。

狂热/从众/泡沫持续的时间，总是比理性的人所设想的要长很多。约翰·梅纳德·凯恩斯（John Maynard Keynes）曾说过一句名言："市场保持非理性的时间，可能比你保持偿付能力的时间更长。"然而，狂热/从众/泡沫的最终结局都很惨。借用鲍勃·法雷尔的话："指数式急速上涨……的市场，通常会走得比你想象的还要远，但是，它们不会以横盘整理的方式进行修正。"因此，所有的投机泡沫都是极度危险的事，无论是

在它上涨的最后阶段，还是在它最终反转的时候。

图 5-2　2000 年纳斯达克指数冲顶

资料来源：*DecisionPoint.com.*

何时是卖出的好时机

正如我所说的那样，通常，市场的顶部会逐步完成。然后，价格开始下跌，缓慢下跌。

当价格开始下跌的时候，就是熊市了。

通常，机构投资者在市场下跌趋势开始时，也就是顶部的后期，会设法离场。他们开始离场时，价格也开始下跌。然后，新闻试图对价格下跌做出解释，于是，市场抛压开始增大。

通常，熊市不会以大跌开始。大跌常发生在熊市的后半程，此时，投资者已然草木皆兵。他们密切关注那些可能引发股市下跌的事件的最新进展，一旦有新消息传出来，他们的反应就是卖出。

底部的波动比顶部更大，因为恐惧是比贪婪更强烈、更有力的情绪。

市场在筑底过程中，会屡次突然破位下行，这一点让大家厌恶之极。那些突然破位下行的交易日，往往是股市历史上表现最差的交易日。市场暴跌的原因显而易见。媒体上充斥着惨淡的头条新闻，和有关下跌原因的报道。这是一个极端情绪化的时期。

每个人都在卖。

在牛市的顶部附近，大多数买盘来自于那些不想错过牛市行情的新入市的投资者。然而，在熊市的底部，抛盘很多。个人投资者（不论是新手，还是老手）都在卖，因为他们担心价格会跌得更低。可惜，在底部也有大量的机构抛盘。有时，一些机构不得不卖出股票，以满足赎回的要求。然而，更多抛盘来自使用杠杆资金购买股票的机构和个人投资者（迫于追缴保证金通知的压力）。对于这种情形，我会在第 11 章深入讨论。

那么熊市何时结束

需要寻找市场已不再随利空消息下行的迹象。在熊市底部，所有导致市场下跌的原因都非常明显。新闻报道的基调也极度悲观。尽管如此，请记住，**股市的机制是折现机制**。所以，如果市场已经下跌了 20%，在下跌结束后，下跌的原因将显而易见。因此，要寻找市场开始摆脱坏消息影响的初步迹象。当市场确实已经开始摆脱坏消息的影响了，就表明市场可能已经对最坏的情形做了折现，并且，可能开始对接下来必然会发生的好事做出预期。市场的折现功能总是——**总是**——向前看。当开始摆脱坏消息影响的时候，市场可能开始感知到了推动下一轮行情向上而非向下的理由。

在买之前，个人投资者也能承受得起奢侈的等待——等待市场开始上涨。记住两件事：首先，**最大跌幅出现在最大涨幅之前**；其次，**最大涨幅可能突然出现**。

人类 / 投资者始终有一种把过去投射到未来的心理倾向。因此，如果价格已经下跌，并且基本面是消极的，那么这次下跌就是必然的，投资者自然倾向于将这些价格投射到未来。

但市场总是——**总是**——展望未来，而非现在。它总在四处寻找下一个转机。因此，当我们意识到为什么市场已经发生转变时，转变通常已经完成。

事实上，消息面对牛市和熊市都有影响，不过却是通过一种反直觉的方式产生影响。接下来，我们看看哈罗德·埃利希（Harold Ehrlich）对市场的定义（当时他在希尔森公司（Shearson）就职，后来担任伯恩斯坦 – 麦考利公司（Bernstein-Macaulay）的总裁）："牛市是指股票不因利空下跌的时期。熊市是指股票不因利好上涨的时期。"

这就是为什么大多数人在高点看多（此时他们本该卖出）和在低点看空（此时他们本该买入）的原因。

顶部和底部对等吗

不。恐惧是一种远比贪婪更强烈的情感。我了解到，人类就是被这样设计的，因为这种设计为人类的生存提供了保证。（比如，睡前要检查门窗是否锁好！平时还要进行消防演习！）

长周期底部可能特别难探寻。

有一个很有名的故事，1938 年，股市仍处在 1929 年大崩盘后的恢复阶段，多年来股市一直摇摇晃晃，基本没什么像样的交易机会，那年哈佛商学院的应届毕业生中，只有三名选择去华尔街工作。

套用这个故事，我的朋友迪恩·勒巴伦曾公开说过（当然他是就金融分析师联合会（Financial Analysts Federation）的 10 万多名会员而言）："分析师太多了，不过这种状况将要结束了，这里将只剩下 5 万名分析师。"因此，历史表明，当结构性熊市结束的时候，去华尔街找工作的想法可能不会被大众认可。

买什么

当整个市场处于上升趋势的时候，买整个市场。当一个板块处于上升趋势的时候，买这个板块。当一只个股处于上升趋势的时候……那，就不好说了。

精明的技术投资者，倾向于选择那些引领整个市场或某个板块的股票进行投资，但是，这种做法风险很高。技术投资最好采用多样化的投资组合。掌管富达公司旗下麦哲伦基金的传奇人物彼得·林奇说："如果我找到 10 只喜欢的股票，我不知道哪一只会表现最好，所以我就把这 10 只股票全买进来。"

并且，按现在的行情特点来看，任何一条不起眼的消息，都可能在极短的时间之内，对股价产生巨大影响。一家生物技术公司可能在产品测试中得出一个负面的评价结论，于是突然间它的股价就跌了 20%。但是，如果你有一篮子生物技术股，它们不会同时都遇到这种情况。的确，你没法预测个股的巨幅波动。

关键是，在过去，股价也会下跌，但它会一点一点地跌，一波一波地跌。而现在，股票却可以在上午开盘直接低开 20%。我刚入行的时候，我们从来没有遇到过股价突然暴跌 20% 的情况。过去它们经常每天跌0.5%，跌上 40 天，才跌够 20%。现在，由于高频计算机可以瞬时对新闻事件做出反应，导致股价会在半秒钟内就暴跌 20%。

无论你的调研做得多细致，任何一家公司始终都会暗藏一些潜在的不利因素。某个关键人物可能突然去世，某个关键竞争对手可能变得更具攻击性，公司或竞争对手会遇到有利或不利的情况，环境监管的趋势可能转为正向或负向，但没有人能预测出这些变化，而现在的股价，对华盛顿和各州政府的行动、关键人物的健康状况、公司内部以及竞争对手的短期进展已经非常依赖，因此很难把所有的"鸡蛋"都放在一个篮子里。要想只在一两只股票上获得良好的收益，你必须足够幸运才行。

说了这么多，我还要再补充一点，你可以通过交易所交易基金（ETF）投资多只股票。因此，如果你有一个想法，比如，认为生物技术股很有吸引力，你不用先一家一家地调研这类上市公司，然后再选出 10 只你认为有吸引力的生物科技股，你可以买生物技术 ETF，通过 ETF 分散你在生物技术板块的投资风险。你也可以申购富达公司的生物技术优选基金（或者，投资其他板块的类似基金），以此投资富达公司看好的生物技术股，富达公司会对这些股票进行持续跟踪和更新。而且其他一些基金公司，如瑞德克斯（Rydex），也有生物技术基金。（美国证券交易委员会（SEC）要求基金公司对投资者在板块基金投资可能产生何种亏损做出声明。）因此，你的投资组合里并不一定要有很多只股票。通过 ETF 或共同基金，你可以实现多样化投资。

· 通用汽车公司的分红 ·

过去，通用汽车公司的股票曾是蓝筹股的最佳投资标的之一，但它的周期性非常强。我在帕特南工作期间，它曾一度从 70 多美元跌到 30 多美元，但那时，这只股票和整个股市看起来都处于调整后的筑底阶段。

后来通用汽车削减分红。我们的一位基金经理在晨会上宣布他要卖出这只股票。我不赞成，因为价格看起来已经触底了。我举起这只股票的技术分析图表，图上显示价格从 70 多美元跌到 30 多美元，我说："我很高兴这只股票没有白跌。"有些人认为，这句话是帕特南晨会上最有见地的一句话。当然，我的意思是股价下跌是有原因的。投资者预见到会有不好的事情发生，现在不好的事情已经发生了。但是，对利空的预期已经导致股价下跌，现在利空出尽，股价就不会再跌了。

相反的观点

相反的观点有助于对市场情绪变化进行管理。它的基本假设是，如果市场情绪过于倾向于某一方向，则朝相反方向发展的前提条件就已经具备了。（有些人说得更简单：如果每个人的期望都相同，那么他们总是错的。虽然这种说法过于简单化，但通常大多数投资者确实会在重大转折点上出错。）

"相反的观点"是一个非常有用的工具，因为它会使你在市场的重大顶部和底部阶段，摆脱市场主流情绪的影响。

回到我之前说过的话：大多数人在市场底部看空，在市场顶部看多，因为这是当时市场情绪的主流，是当时新闻报道的基调。但在真正的市场底部，恰恰是需要积极行动——买入的时候；在真正的市场顶部，则是需要消极行动——卖出的时候。

逆向投资的最大风险，就是你会行动得过早。在底部和顶部都有这种危险。我说过，在底部阶段可以看到市场突然下挫，跌得远远低于"正常"支撑位。而且，在顶部阶段可以看到，当个人投资者陷入疯狂，在上涨末期买入的时候，市场会涨得比任何人判断的都要高。

对此，伯顿·克兰（Burton Crane）在《老练的投资者》（*The Sophisticated Investor*）（1959）一书中引述的埃德温·斯特恩（Edwin Stern）的话说得很好：

> 当每个人都看空的时候，每个人都容易出错。当每个人都看涨的时候，可能偶尔每个人都是正确的。

甚至，我们可能需要把"相反的观点"这一概念再扩展一下，就像我通过**反常定律**所说的："市场将尽其所能，使尽可能多的投资者陷入困境。"

最后，请记住下面这个很有意思的小故事：

如果世界上只有 100 个投资者，99 个是空头，然后有 1 个空头变成了多头，虽然还有 98% 的投资者仍然是空头——但市场将会上涨！

所以，搞清楚每个人的想法——然后开始考虑，现在是不是可以逆市场主流情绪而行动的时机。永远不要让自己陷入市场主流情绪的"智慧"之中，而不知道自己究竟为什么这么做——务必意识到：**你一定要始终考虑相反的观点。**

第三部分

DEEMER ON TECHNICAL ANALYSIS

技术图表

第6章

图表的重要性：价格、时间
和情绪的视觉交汇点

为什么要用图表

如果要描绘一棵橡树，用哪种方式能传递更多的信息？一张照片？还是一段1 000字的描述？现在，假设你只有五秒钟时间获取信息。

按中国老话来说，一图胜千言。我想说的是：分析图表胜千言。图表是数字的集合，使数字可以为你所用，而且，在你的头脑中可以呈现出数字无法表达的视觉联系。

记住，**图表中的主要数字是股价，它是不断变化的**。每一个价格都是供需曲线相交的位置，愿意买的人和愿意卖的人以此价格成交。每一次买家和卖家成交，价格都会与上次有所不同，它可以上升和下降。你跟踪的是价格（供需交汇点）的变化。

所以，静态的数字（某一天的价格）都不如价格的运行方向和变动速率重要。与一张数字列表相比，图表能帮助你更好地理解价格的方向和速率。

绘制图表时，要遵从两个原则：KISS 原则和 90/10 原则。KISS 原则，即"尽量简单，傻瓜一样"（Keep It Simple，Stupid）。90/10 原则是指，你可以用大约 10% 的时间获取 90% 的信息，但剩余 10% 的信息则需要用90% 的时间才能获得。

基本图表

在深入探讨之前，我们先界定一下基本图表的构成要素。图 6-1 是从2008 年 7 月到 2009 年 4 月间新兴市场交易所交易基金（EEM）的日线图，该图由 DecisionPoint.com 网站提供，这是我常用的非常不错的网站。

当然，图上最基本的要素就是价格本身。因为这是一张日线图，所以每根垂线或棒线描绘的是一天的交易情况。每个交易日的最高价和最低价位于垂线两端，而收盘价用一小段交叉线表示。

图上垂线旁的实线是移动平均线，这条均线是 50 天指数平滑移动平均线。不过，市场技术分析师会使用很多种移动平均线。移动平均线用于测量趋势和动量。如果股价高于移动平均线，则为上升趋势；如果低于移动平均线，则为下降趋势。此外，如果价格高于移动平均线，且距离移动平均线越来越远，则该股的动量正在增强；如果价格高于移动平均线，但距离移动平均线越来越近，则该股的动量正在消失。

当然，股价低于移动平均线时，也是一样的道理。另外，如果股价远高于移动平均线（比如说，超过 30%），就属于超买——向上偏离幅度过大——此时股价非常容易出现短期调整。反之，如果股价远低于移动平均线（就像 EEM 在 2008 年 10 月和 11 月的情形），也是如此。显然，你使用的移动平均线周期越长，你衡量的趋势周期就越长。

图 6-1　基本图表

资料来源：*DecisionPoint.com.*

　　最后，位于该图底部的指标线是重要的相对强度线。这是直接用股票价格除以该股票所在市场的指数得到的指标，比如，除以标普 500 指数。

　　相对强度线的用法很简单：指标线上升意味着股票的表现优于市场；指标线下跌则意味着它的表现弱于市场。不用考虑相对强度线的数值意味着什么，我们唯一感兴趣的是，指标线处于上升状态还是下降状态。

顺便说一句，DecisionPoint.com 网站最大的优点之一就是它能让你很容易就绘制出某只股票相对于任何标的的相对强度线——例如，各个市场板块、海外股市、黄金等，而不仅仅是标普 500 指数。

当然，在各类制图网站上，有各种各样的附加指标，以及绘制股票图表的各种方法。然而，在本书中，我使用的都是最基本的图表和指标（这正是长期投资者需要的），但是，如果你想了解更多，请参阅附录提供的相关资源，你还可以找到一些更好的图表网站列表，查看你关注的股票的技术图表。

分析图表

实际上，我们需要通过股票图表确定四件事：

（1）股价是在上涨，还是在下跌？

（2）推动股价运行的动量在增强，还是在减弱？

（3）股票处于超买状态（涨得过高），还是超卖状态（跌得过深）？

（4）股票的相对强度在上升，还是在下降？

EEM 走势图恰好反映了所有可能性当中最理想的一种。

（1）该股正在上涨，价格位于移动平均线上方。

（2）该股的动量正在增强，价格正在远离移动平均线向上运动。

（3）该股还未达到超买状态，价格离移动平均线的距离不是很大。

（4）与市场相比，该股表现较为强劲。位于图表底部的相对强度线自 2008 年 10 月底以来一直在上升。（正如你稍后将看到的，在市场触底的整个过程中，EEM 的走势一直强于指数，这意味着在后面的行情中，它注定会成为市场龙头。)

值得注意的是，你几乎不需要花多少时间就可以确定这四点，对精明的长线技术投资者来说，这恰恰是需要注意的。让 90/10 原则真正发挥作用！

而且，我很高兴告诉大家，对投资者来说，最终的结果令人非常满意。这张图表的最后日期是 2009 年 4 月底，EEM 的价格是 28.14；到 2010 年 4 月，EEM 的最高价是 44.02；到 2011 年 5 月，它的价格是 50.43。

长期图表给我们的教训：麦当劳

图 6-2 一直是我最喜欢的一张图，这是麦当劳公司 1970 ～ 1981 年这 11 年间的价格走势图，出自 "证券研究公司" 的《蓝皮书》(*Securities Research Corporation's Blue Book*)。它非常清晰地呈现了图表的基本概念，尤其是相对强度的概念。更重要的是，它强调了预测未来股价时情绪的重要性。

为了充分理解这张图，我们需要先了解一下相关背景。

20 世纪 70 年代初，业绩确定性较高的消费类成长股是投资热门。当时，美国的通货膨胀率和利率都非常高，很多公司都很难借到钱，很难进一步扩张。但是，大约有 50 家大型消费品公司发展非常迅猛，它们在发展过程中出现的资金需求，完全可以自己在内部解决，根本不需要到资本市场去筹集运营资金。

它们是 "怒海中的堡垒"，通货膨胀像汪洋大海一样在它们四周汹涌肆虐，但这些公司非常强大，不但在怒海之中巍然屹立，而且还运营得非常出色。

这个板块被称为 "漂亮 50"，麦当劳是 "漂亮 50" 龙头。

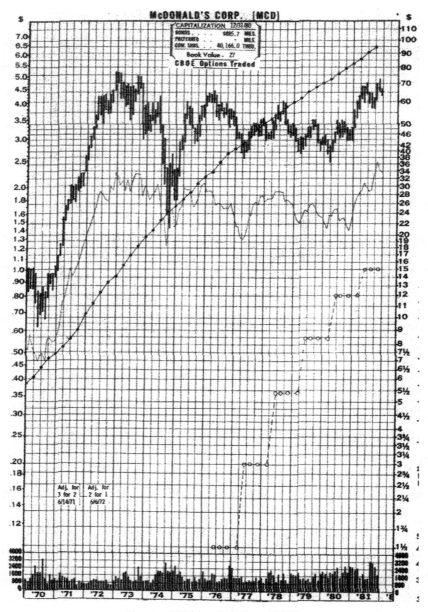

图 6-2 "漂亮 50"龙头：麦当劳

资料来源：*Securities Research Corp., from the author's collection.*

麦当劳的业绩增速实在惊人！达到了 25% 的年复合增长率。而且，在整整十年间，它的增长速度一直都很稳定。"漂亮 50" 的投资者们早在 1973 年（即图 6-2 中第三年）就预见到了这种前景，并为该股支付了 75 倍市盈率的价格。而帕特南是 "漂亮 50" 的最大投资者，我当时正负责帕特南的市场分析部门。

1973 年，各种基本面分析的结果都表明，麦当劳的股价会涨得更高。

但是，请仔细观察一下走势图，看看麦当劳的股价究竟处于什么位置。（图 6-2 中的每股收益曲线是按比例绘制的，如果价格线与收益线重合，则股价为 15 倍市盈率。如果价格线高于收益线，股价高于 15 倍市盈率。如果价格线低于收益线，则股价低于 15 倍市盈率。）

麦当劳的股价市盈率从 1973 年的最高点 75 倍，降到了 1980 年的最低点 7.5 倍。

75 倍市盈率，不论是在当时，还是在现在，即使对一只业绩确定性很高的成长股来说，也是非常高的。但从图表上我们可以看到，最令人惊讶的是，股价在狂热期过后进入调整阶段时，麦当劳的市盈率从 75 倍暴跌至 7.5 倍，尽管这一时期麦当劳每股收益的年复合增长率达到了 25%，甚至每个季度都是如此。

在帕特南，那些根据基本面投资的基金经理都要哭了。他们分析公司，准确地预见到了接下来会发生的许多利好。而那些利好又都一一兑现了：每季度，麦当劳的收益预计会实现 25% 的增长。

但是，股价却表现不佳。虽然公司业绩出色，但股价却一个季度接一个季度没有任何起色。为什么？

当时的情况是：

1973年麦当劳股价上涨，是由市场对其未来收益的认可而产生的乐观情绪推动的。这种乐观情绪将股价推到了极高的估值水平。

而一旦这种乐观情绪达到顶峰，它在1973年的上涨过程就结束了。基本上，市场会说："嘿，麦当劳，你是一家很好的公司，今后的7年里，你会经营得很好。但是，我预期的市盈率是75倍，并且已经兑现，我不会再给你更高的溢价了。"

因此，股价停止上涨。

之后，唯一的问题就是：**它会跌到多少**？

如果我在1973年预言，所有分析师对麦当劳未来7年赢利和增长的预测都会实现，而且作为一家公司，麦当劳会做任何人都希望它去做的任何事，并且会做得更多，但即便如此，它在1980年的股价依然会比1973年还低。可能大家都会认为我是个疯子。但是，后来情形的确如此。

通常，麦当劳的股价达到高点时的市盈率是60倍。当市盈率达到75倍的时候，风险就更高了。当然，投资者不可能提前知道大家会在什么时候认为风险过高。不过，在某种情况下，当风险已经足够高时，股票就会做出反应。因此，技术分析师对这些长期图表所能做的，就是告诉大家，风险已经很高了，或者风险已经很低了；再就是，该股目前的价格风险很高需要消极应对，或者风险很低需要积极应对。然而，分析师不可能准确预测这种情况会在何时发生。（凯恩斯说得对："成功的投资，就是预见别人的预期。"）但是，这为你提供了一个观察股价长期运动的视角，不管你是处于风险远高于正常水平的狂热期，还是处于风险低于正常水平的悲观期。

事实证明，麦当劳比其他大多数股票更让人开心。它的价格比其他股票更坚挺，因为它的收益一直在增长。正常情况下，上市公司的每股收益会维持在某个水平，而价格则会下跌。

所以，它的价格并没有跌多少，但是，也没涨。人们也没有把资金交给帕特南去买这种横盘整理的股票——尤其是，当时其他很多股票都在上涨。因此，我们的竞争对手忙着招揽我们的客户，告诉他们说，帕特南持有的麦当劳正在横盘整理。然而，在我们的基金账户里，我们已经以 5 倍市盈率的价格买入了美国钢铁（US Steel，而后来它的市盈率是 8 倍）。所以，当时我们的账户净值正在上升。

但是，买麦当劳不好吗？不一定。对于那些能够明智选择买入时机、制定交易计划的长线投资者来说，麦当劳是个不错的选择。在麦当劳的鼎盛时期，它的市盈率在两年半的时间内从 9.25 倍涨到了 75 倍。的确，在这段时间里，有时股价走势并不是那么好，期间出现过一些小幅回调，但可以肯定，股价基本呈上升趋势，因为投资者们都预期它会实现更高的每股收益。关键是，有了这样的预期之后，要关注何时股价开始停止上涨，此时就是应该卖出的时候了。记住：**没有哪只股票的价格走势，能准确反映公司的业绩**。不管一家公司的赢利能力多好，它的股价都不会一直涨。

如果股价不涨了，你就必须接受它将会下跌的事实。而且，不要在每次出现小幅反弹时，都试着进场把它买回来。一定要关注股价的长期趋势。

当麦当劳最终触底时，帕特南又是怎样一种情形？你永远都猜不到。下面是 1980 年帕特南的一份内部备忘录。

· 华尔街每周备忘录 ·

内部备忘录

致：诺顿·H.雷默、马丁·M.黑尔、J.戴维·温伯利，及迈克尔·C.休伊特

自：沃尔特·迪默

日期：1980 年 2 月 13 日

成长股

众所周知，我认为从技术层面来看，大盘成长股非常有吸引力，而且，它们当中的大部分股票，显然已经处于主要反转形态的最后阶段。我还认为，当长期以来一直没有发生的经济衰退最终发生的时候，多数企业的利润会普遍下滑，但大盘成长股在这个时期实现收益，将使它们像"黑夜中的灯塔"一样脱颖而出。

至少对我来说，最突出的两只股票，就是麦当劳和菲利普·莫里斯（它们目前的市盈率分别是 9 倍和 8 倍）。我想，如果能在《华尔街周刊》栏目里提到这两家公司，那就太好了。但是，在我向（帕特南）咨询公司确认的时候，他们告诉我不能这么做。目前，他们正在抛售这两只股票。

如果这都不能算是成长股的重要买入信号，我真不知道什么才算是了。这些股票之所以被抛售，显然是因为它们的"价格表现"令人失望。但从技术角度来看，我认为，现在抛售是错误的。

沃尔特·迪默

· 巴克斯特、美国钢铁和约翰·莫里斯的故事 ·

下面的内容摘自我于 1999 年 4 月 9 日撰写的一篇特别报告：

在帕特南的鼎盛时期（大约 1973 年左右），"漂亮 50" 独步天下，帕特南咨询公司——它和 JP 摩根旗下的卡尔哈撒韦公司（J. P. Morgan's Carl Hathaway）一样，都是漂亮 50 的大玩家，登上了所有媒体的封面。帕特南咨询公司几乎每天都要为客户开立新交易账户。咨询经理们经常到交易室报送委托单，一摞买单——买入他们核心股票清单上的股票；一摞卖单——卖出账户上持有的股票。

帕特南成长型基金的基金经理约翰·莫里斯是一位逆向交易者，是我共事过的最优秀、最精明的基金经理之一。一天下午，他望着一位刚送来一大堆当日委托单的咨询经理说："我可以问你一些事儿么？"

"当然可以。"

"你有没有想过，你以 5 倍市盈率卖出的美国钢铁，是不是比你以 50 倍市盈率买入的巴克斯特（Baxter）更好？"

"没想过，"这位咨询经理马上回答说，"我们的新客户把我们当作成长型股票基金经理，我们就要做成长型股票基金经理。"

但是，与股价透支的巴克斯特相比，在 1973 年，当时不被看好的美国钢铁的确是一只值得买入的好股票。不仅如此，那些由于高质量成长股此前令人震惊的表现，而在 1973 年和 1974 年潮水般涌向帕特南的资金，因为成长股表现欠佳，在 70 年代末又迅速撤出了帕特南。

最后提一下：当我在波士顿讲起这个故事的时候，有人提醒我，1973年表现极佳的"漂亮50"曾导致先锋公司以价值投资著称的温莎基金（Vanguard's Windsor Fund）的基金经理约翰·聂夫（John Neff），在一个季度之内就被炒了鱿鱼。然而，聂夫坚持自己的投资风格，他掌管的基金随后表现如此之出色，规模如此之大，以至于15年后，不得不向新投资者关闭。而卡尔哈撒韦则没有做到这一点。

第 7 章

重要的长期图表

长期图表

你说，技术分析师的数据永远都不嫌多，那你最早的数据是什么时候的

我用的长期图表数据，能回溯到多早，就回溯到多早。有些数据回溯到 1870 年。这些长期图表提供的信息让我痴迷不已。不过，富达公司极富传奇色彩的图表室里的图表数据，甚至比我的还早。富达公司有一张股市图，一直回溯到 1789 年。当然，欧洲也有一些长期利率之类的数据，可以回溯到 16 世纪。

如何保持数据不变，以及数据不会随年代发生质变吗

我知道，出于这种顾虑，许多投资者不愿意使用长期图表。不过，这纯属杞人忧天。

记住，**不论是对某只股票的价格，还是对标普 500 指数来说，股市图表主要反映的是随时间的推移所发生的变化——从一个数字变成另一个数字。这些数字上升或者下降，反映了乐观或者悲观的市场情绪。**

话虽如此，我们还是可以对图表做一些调整，以便它们更准确地反映长期的、历史性的变化。我们可以通过以下三种方式进行调整：

（1）将变化率与前值进行比较。

（2）将相互关系较为稳定的数据之间的比率进行比较，比如价格与收益比。

（3）将价格与某个相对稳定的常量之间的比率进行比较，比如黄金或者中档住宅。

长期图表上的对数坐标与算术坐标

当你查看长期价格走势图时，我需要强调，你必须——**必须**——使用对数坐标。使用对数坐标，相同百分比的涨跌幅度，在走势图上显示的变化幅度是相等的。因此，股票从 1 元翻倍涨到 2 元，然后再从 2 元翻倍涨到 4 元，这两次价格上涨在走势图上的变化幅度是相等的。

下面这两张走势图，是我的朋友，thechartstore.com 网站的罗恩·格里斯专门为本书绘制的（见图 7-1 和图 7-2）。它们很直观地展示了为什么在长期走势图上必须使用对数坐标。这两张图所用的数据完全相同，都是 1870 年至今的道琼斯工业平均指数（DJIA）的数据，但一张图使用了算术坐标，另一张图使用了对数坐标。你会发现，它们呈现出两幅完全不同的画面。

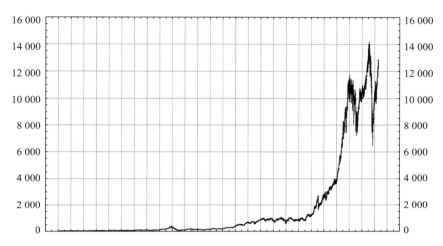

图 7-1　1870 年至今的道琼斯工业平均指数（月线），算术坐标

资料来源：thechartstore.com.

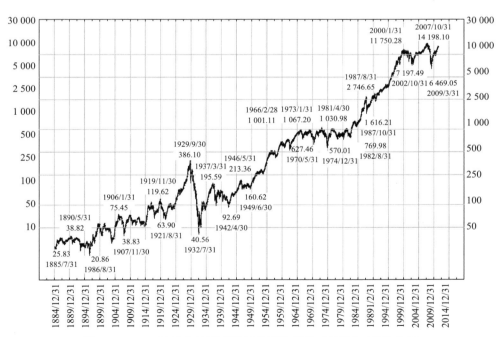

图 7-2　1870 年至今的道琼斯工业平均指数（月线），对数坐标

资料来源：thechartstore.com.

第一张图，纵坐标使用算术坐标（见图7-1），看起来似乎从1870年到20世纪50年代，道琼斯工业平均指数一直都没有什么表现，而直到20世纪90年代才真正开始上涨。

而另一张采用对数坐标的走势图（见图7-2），精确地呈现了这个时期不断上涨的趋势。两张图使用的数据是一样的，但在对数坐标图上，纵坐标反映的是价格变动的百分比，而非价差。对数刻度清晰呈现了道琼斯工业平均指数在1929年大崩盘后的急速暴跌，以及1945～1964年和1984～1999年这两个时期的加速上涨。而在算数坐标图上，你无法轻易获得这些信息。

1870年至今的标普500指数

图7-3是1870年至今的标普500指数，同样采用了对数坐标。我们可以从中获得另一个绝佳的长期视角。

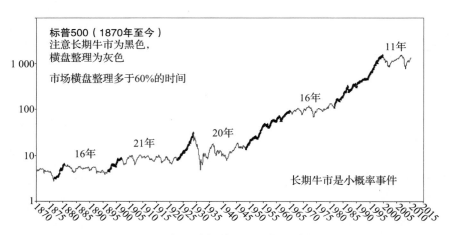

图 7-3　1870年至今标普500指数的结构性行情

资料来源：Robert Schiller, Bloomberg.

这张图向我们展示了几件有趣的事情。首先，真正的长期牛市——连续十年或以上的价格上涨，只在大约 40% 的时间里发生过。而剩余 60% 的时间，市场会在一定的区间内运行。有时，在区间内运行的市场，会出现向上和向下的大幅单边行情，但通常是横盘整理的走势。其他时候，在区间内运行的市场，几乎会回撤掉上一个长期牛市的全部涨幅。这张图展示了 5 个真正的长期牛市，它们的长度是 16 ～ 21 年。在长期牛市的间隔期内，市场会上下运动，但基本以横盘整理为主。

从这张图能获取的信息是：我们目前正处于从 2000 年 10 月开始的常见的横盘整理期。通过分析这张图表，我们可以推断，要一直等到 2016 ～ 2021 年，标普 500 指数才会进入下一轮长期牛市。当然，在此期间，短期收益将回升，但是与长期牛市期间相比，投资者不得不更谨慎选择买入和卖出时机。

比率：1870 年以来的标普 500 指数

市盈率（P/E）

投资者大多认为，他们买的股票反映了上市公司的盈利能力。当投资者悲观的时候，市盈率往往非常低。当投资者乐观的时候，当他们看到（或者至少他们认为自己看到）增长前景的时候，市盈率却会高得离谱。因此，看一下目前的市盈率水平，并与它的历史区间进行比较，可以帮助你确定股票（或者市场）到底是便宜，还是昂贵，还是介于两者之间。

图 7-4 是采用对数坐标的标普 500 指数，图 7-5 是按一般公认会计原则确认的收益，采用的也是对数坐标。图 7-6 是按价格与每股收益峰值前

值（prior peak earnings）计算的市盈率。图表显示，在过去 140 年的大部分时间里，该市盈率的区间范围是 8 ～ 20 倍。

需要注意，有时股价表现会领先于每股收益，因此会进入高风险区间，而有时股价表现会滞后于每股收益，这是长线投资机会出现的位置。

在 20 世纪 60 年代后期，市场情绪高涨，交投极其活跃，股票估值高得离谱。成长股和业绩投资盛行一时。随后，我们开始经历漫长的"长期价值重估过程"（secular revaluation process，这是富勒资本戴维·富勒的精辟定义），这个过程一直延续到 1982 年。我们慢慢从长期衰退走出来，然后就是科技股投资狂潮，股票又进入了新一轮荒谬的估值泡沫期。

现在，股票价格正向比较正常的估值水平修复，但还没有修复到它们的长期趋势线。这表明，我们可能仍处于修复过程之中，修复还没有结束。

我们没法准确分析市盈率，一般来说，我们只能知道它们是偏高还是偏低。5 倍是非常低的水平，25 倍是非常高的水平，现在，我们位于两者之间。这就是你能通过市盈率获取的全部信息——大体上，处于历史区间的中间水平。

图 7-7 是道琼斯工业平均指数与黄金价格的比率。

注意，该图与图 7-6 按价格与每股收益峰值前值计算的市盈率走势基本一致。

黄金被认为是一种能跟货币互换的物品。数量有限，几乎没有什么工业用途。黄金的价格在 1945 ～ 1971 年与美元挂钩，从 1971 年开始与美元脱钩。有人用黄金价格计算通货膨胀率的近似值。

但更恰当的说法应该是，黄金价格反映了人们对货币未来走势的信心。黄金价格上涨表明了一种信念，即通货膨胀将继续或加速，或者美元

贬值。黄金价格下跌表明了一种信念，即通货膨胀将得到遏制，甚至可能
会出现通货紧缩，或者美元升值。

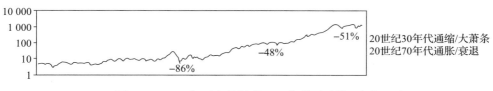

图 7-4　1870 年至今的标普 500 指数（对数坐标）

图 7-5　按一般公认会计原则确认的收益（对数坐标）

图 7-6　按价格与每股收益峰值前值计算的市盈率

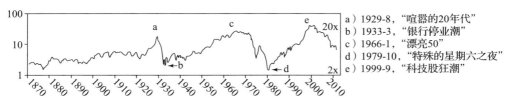

图 7-7　道琼斯工业平均指数与黄金价格的比率

资料来源：Robert Shiller, Standard & Poor's, Bloomberg.

　　我还有一张图，是一个不常见的比率：房价与黄金价格比（见图 7-8）。
这张图表明，在绘制该图的 2011 年，买一套中档住宅需要 120 盎司⊖黄

⊖　1 盎司约为 28 克。

金。而在 1980 年，买一套中档住宅需要 102 盎司黄金。

图 7-8　美国房价与黄金价格比

从那时起，中档住宅已经变了。变得更大了，而且有更多的设施。但是，我们也从房价泡沫中走了出来。

那么从黄金的角度来看，现在是住宅便宜了，还是黄金价格出现了泡沫？这可不好说。但我们可以看到，相对于黄金价格，房价正在下跌。

此外，在许多情况下，目前房屋的售价低于重置成本。但是，美国住宅房地产还有一些长期过剩的供给需要消化，我将在第 19 章对此做进一步说明。

考虑到通货膨胀，需要对数字进行调整吗

许多投资者认为，应该根据通货膨胀水平对美元的币值进行调整。但是按什么类型的通货膨胀水平进行调整？又由谁来界定？

通货膨胀有几种不同类型。有一种是"真实的"通货膨胀，指的是某种商品的价格永久性上涨（当该商品本身越来越稀缺，或者制造该商品的成本越来越高，或者越来越多的人需要它，就会发生这种情况）。还有一

种是货币通货膨胀，在这种情况下，只是货币贬值了，而其他条件都没有
发生变化。通常，它会在流通货币过多的时候出现。

美国政府监测通货膨胀的方法并不完善，而且，其政治意图也极其善
变。现在，他们监测通货膨胀的"核心"方法，并未将油价和食品价格的
变化考虑在内，他们认为，油价和食品价格上涨是暂时短缺所致。（就像
人们说的，对于不吃饭、不开车、不采暖的人来说，消费者价格指数是一
个非常好的通货膨胀指标。）

我并不是说剔除通货膨胀影响后的数字没有什么价值。它们有价值。
只是要说清楚，它们远没有那么精确。

第 8 章

均值和均值回归

一旦你有了一组质量不错的数据集，不管是以美元计价的简单的价格数据集，还是某种比率，通过长期视角分析该数据集的方法之一就是使用均值（mean），或者称为算术平均数。

均值就是对一段时间内的数据进行简单算术平均。图 8-1 是从 1870 年到 2011 年 9 月按价格与每股收益峰值前值计算的标普 500 指数的市盈率，上面还有一条最简单的算术平均线。一半的数据点落在均线上方，一半落在均线的下方。

自 20 世纪 80 年代中期以来，市盈率除了在 2008 年有一小段时间低于均线之外，几乎一直都高于均线。自 20 世纪 50 年代以来，落在均线上方的数据点，也多于落在均线下方的。这表明，可能即将迎来一次修复——或均值回归（mean reversion）。（也请参阅图 7-3。）

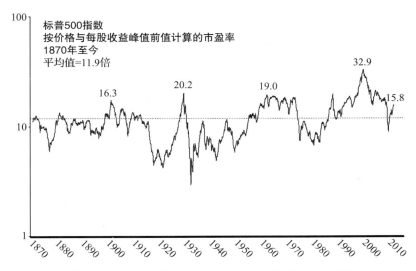

图 8-1　从 1870 年至今的标普 500 指数市盈率与均线

资料来源：Robert Shiller, Standard & Poor's, Bloomberg.

投资者需要清醒地意识到，市盈率长时间位于均值上方，可能还意味着即将发生一场更为根本的转变。

股票已经成为越来越受欢迎的投资品，其中有这样一种原因：

很多年以前，多数人的首选是为自己投资。在 150 年前，人们可能会购买耕地。后来，人们会开商店、开小工厂或者开加油站。

那时，股市只是富人的游乐场。

渐渐地，越来越多的工人被第三方提供的有偿服务吸引，于是，人们不再自己投资创办和拥有企业，而是把赌注押在第三方的表现上。起初是固定收益投资，这类投资虽然回报低但收益确定，比如储蓄账户或类似的东西。或者是非收益性投资，比如买房子，装修一下，然后自己住，并希望将来房价会上涨。

甚至到了 20 世纪 60 年代早期，参与股票市场的公众投资者的比例仍然很低，因为相对于普通人的工资，股票价格非常昂贵。所以，当时人们主要做一些其他类型的投资：能提供适度但回报真实的储蓄账户、能升值的房产，等等。但现在，同样是这些投资，不是回报很低，就是不确定性很高。

还有更多普普通通的投资者亟须为长期、昂贵的退休生活进行储蓄。

于是，人们的目光开始转向股票。

普通投资者已经从投资自己转为投资那些超出自己能力范围，而且知之甚少的东西。他追捧的是虽然回报水平最高，但风险等级也最高、破产清偿顺序排在最后一位的投资品——股票。

那么，我们回过头来再看看图表。

追捧高市盈率（P/E）的股票，说明投资者对股票充满热情，但这种热情很可能是因为没有其他可靠的投资品而产生的。尤其是小投资者，可供他们选择的资产形式只有家庭住宅和储蓄，而现在这两者的投资回报率都没有吸引力。

事实上，在某些情况下，股票可能已经成了一种替代货币，因为更多的人选择把暂时不用的资金投到股市，而不是存到银行。

此外，太多渴望赚钱的投资者，可能会去追捧为数不多的几只好股票，从而导致这些股票的价格长期处于虚高的状态。

这是值得投资者深思的事情。

定义：均值回归

均值不过是一个平均数，一个不断变化的数字。这个算出来的数字不过是一个数学意义上的点，仅仅表明位于其上和其下的数据点数量相等而已。

许多分析师说，市场最终会"回归均值"，好像均值具有某种磁力，市场就应该走到那个位置。但是，市场几乎从来没在均值的位置停下来过。市场一直在下行时的恐惧与上行时的贪婪之间振荡，很少准确地停在均值的位置上。市场总是像钟摆一样，在悲观期与乐观期之间来回摆荡，而且，在这两个时期的末端，市场总是倾向于把投资者的情绪推升到极致。投资者应该更多地关注钟摆会摆多远，而不是均值在哪里。

比方说，我们取整数，市盈率的范围是 5 ～ 25 倍，所以均值就是 15 倍。我们说，市盈率的最高值是 25 倍，但现在是 15 倍。不错。但我们会开心吗？不。如果市盈率停在 15 倍，那么平均值就不是 15 倍。极值会是 25 和 15，均值就会变成 20。因为均值是 15，所以均值下方的数据点就必须和均值上方的数据点一样多。

可怕的是，当市场已经回归或返回到均值的时候，分析师总是说大家可以放心。但是，在评估股价的时候，均值没有意义。不管什么时候，股价就是股价。它们不管你算出来的均值是多少，它们才不会在均值附近闲逛。事实上，它们更想往某个方向或另一个方向快速移动。

如今，这一点非常重要，必须要考虑。

20 世纪 90 年代，估值高于平均水平，回报率创新高。而到了 2000 ～ 2010 年，估值一直向更正常的回报率水平回归，但尚未达到另一个极端。

有人说："啊哈！我们已经回归到均值了。"他们认为目前的估值水平是合理的，这意味着估值会维持在目前这种水平上。

这些人大错特错。

在这个特定的时刻，在经历了 20 世纪 90 年代那段极度乐观的时期之后，现在的问题是，钟摆会朝反方向摆多远？历史表明，最终，它可能会进入一个悲观期，2000 ～ 2007 年以来，与对冲基金交易员、高频交易者等相比，普通公众投资者对股票的迷恋已经越来越少。尽管 2009 年后市场表现相当不错，但数据表明，相等但相反的极端情况尚未出现。

弗兰克·佩卢索（Frank Peluso）是我最喜欢的周期分析师，他把市场周期比作钟摆的摆动。市场开始下跌，加速，达到加速度的极值，然后减速，最后在另一侧的极点处结束。

所以，周期分析的核心是：钟摆位于圆弧的什么位置？它正在加速还是减速？弗兰克将同样的方法应用于股价分析。

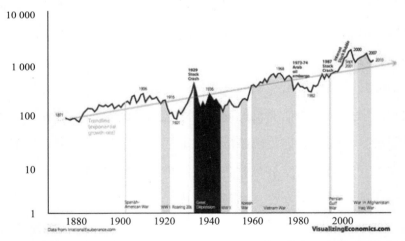

图 8-2　1871 年以来剔除通胀影响后的标普 500 指数长期实际涨幅（对数坐标）

然而，均值位于加速度的极大值附近。如果再想一想，你就会明白，为什么均值并不是华尔街的策略分析师让你相信的那个使市场止步、充满魔力的点位。

在图 8-2 中，我展示了 2011 年初的长期实际涨幅和股价。这是另外一种类型的均值回归图。它不仅显示了波峰和波谷，还显示了最小二乘趋势线，以及股价如何围绕它来回振荡。（最小二乘趋势线是离差平方和（sum of the squares of the deviations）最小的直线，一般当数据呈上升或下降趋势而非水平状态时，用其代替均值。）同样，在这张图上，最小二乘趋势线是中点，而非终点。

相对强度线

基本上，你买股票是出于两个目的：①它会上涨（根据图表上的价格判断），②它的涨幅超过市场的涨幅（根据图表上的相对强度线判断）。戴维·凯勒是波士顿富达公司的研究总监，技术分析团队负责人。在 2010 年波士顿证券分析师协会（Boston Society of Security Analysts）的一次演讲中，他说："我从来不看没有相对强度线的走势图。"我也不看。相对强度线（relative-strength line）就是这么重要！

相对强度线能够表明个股走势相对于大盘或板块的强弱程度。当然，板块划分得越严格，相对强度线就越能揭示个股的强弱程度。

动量指标和振荡指标

一些技术人员使用一系列令人眼花缭乱的动量指标和振荡指标，来相互验证或彼此反驳，但实际上，你只需使用其中一个，就能知道动量和超买 / 超卖的状况。

动量（momentum）是价格（或其他数据）变化的速度。如果愿意，你也可以称之为数据的变化率。如果一只股票的动量在增强，就意味着，与之前相比，它上涨的速度加快了；如果它的动量在减弱，则意味着，与之前相比，它上涨的速度减慢了。同时，**超买**（overbought）和**超卖**（oversold）是指股票上涨或下跌得过多、过快，可能需要调整了。本质上，振荡指标（oscillators）只是价格（或某些其他数据点）与之前的价格或移动平均数之差的曲线图；振荡指标越高，当前的价格或数据点与之前的价格或移动平均数之差就越大。

我将以 20 个交易日为周期举例说明，20 个交易日大概就是一个月。如果你以 20 个交易日为周期计算股价变化的速率（参数为 20 日的振荡指标），你会发现它在牛市开始的时候达到峰值，因为价格在牛市开始的时候涨得最快。渐渐地，价格涨得越来越慢，这时振荡指标线会逐步走低。到某个时候，它会降到 0，这说明价格已经停止上涨，现在正横盘整理。然后，振荡指标会继续走低，一直到熊市结束的时候，它才会达到最低点。

因此，振荡指标趋向于，从熊市结束时的最低点一路涨到牛市开始时的最高点；然后逐步走低，直到下一个熊市结束。当然，在熊市里，最主要的问题就是确定最低点在什么位置，因为事态总会比你想象的还要糟。有些人会说"市场已经跌很多了，可以买了"，说这种话的人，几乎总是逃不过这样一种困境：市场竟然可以跌得更深，甚而，更可以买了。这就是 2008 年发生的事。所以，尽管你可以用振荡指标告诉自己说，价格下跌的速率已经接近上次熊市结束时的速率了，但你仍然不能用它精确地找到熊市结束的时点。位于区间下限的振荡指标值，仅仅意味着熊市结束的一个先决条件已经满足了，现在是寻找熊市底部的时候了——即便在那个特定的时刻，这样的底部还没有真正形成。

而另一方面，观察振荡指标在一波行情开始时的值有多高，会给你揭示出这波行情到底会有多强、会持续多久。如果这是一波非常大的行情，就会产生我所谓的**分离动量**（breakaway momentum），对此，我稍后会再做讨论。

实际上，在技术分析圈儿里，大家使用的振荡指标足有数百个。讨论它们之间的差异及各自的无数种解释，超出了本书的范围。（如果你有兴趣，想更深入了解振荡指标，可参阅本书附录中的相关建议。）不过，对所有的长期投资者而言，真正需要知道的是：①股价运行的动量在增强还是在减弱？②股价是否已经超买或者超卖？

记住 90/10 规则！

分离动量

在价格暴跌屡创新低的情况下，通常，市场的下行动量会在下跌趋势结束时达到峰值。然而，上行动量却在上涨行情开始时达到峰值，然后在持续上涨的过程中逐渐耗散。一轮上涨行情开始时的动量越足，这轮行情就越强。**真正**强劲的动量，只出现于一轮**真正**的大行情开始的时候——也就是一轮新的牛市，或者一轮牛市中的单边上涨行情开始的时候。为了描述这种真正强劲的上行动量，我在 20 世纪 70 年代提出了"**分离动量**"的概念。

当纽约证券交易所 10 个交易日内的上涨家数大于下跌家数的 1.97 倍时，就会出现分离动量（有人称之为宽幅推进力）。这是比较罕见的现象。

表 8-1 是第二次世界大战以来出现的 20 次分离动量（平均每 3 年半发生一次）。

表 8-1 1945 年以来出现的分离动量

日期	A/D	日期	A/D
1949-07-14	2.07	1976-01-14	2.53
1950-11-20	2.01	1982-08-26	2.68
1954-01-26	2.01	1982-10-13	2.09
1958-01-24	2.00	1985-01-23	1.972
1962-07-12	2.37	1987-01-15	2.36
1962-11-12	2.50	1991-02-05	2.17
1967-01-18	2.13	1992-01-06	1.974
1970-12-07	2.12	2009-03-23	2.22
1971-12-08	1.98	2009-07-23	2.17
1975-01-14	2.46	2009-09-16	2.32

通常，分离动量是如何获得的呢？这并不容易。通常情况下，必须要发生三件事才行。第一件，在这 10 个交易日的初期，我们需要市场出现一波非常强劲的上涨行情。通常，这需要第 1 个交易日的上涨 / 下跌家数比（A/D）为 2 800 家 /500 家左右，第 2 个交易日的 A/D 为 2 500 家 /700 家左右，第 3 和第 4 个交易日的 A/D 为 2 050 家 /1 050 家左右。这样，累计的结果就是 2.69，远高于 1.97 的阈值。市场在头两个交易日强劲上涨，随后的两个交易日，又能够继续保持积极的上涨势头，这是非常好的局面。但第二件事就比较难了。市场从来不会一直上涨。分离动量形成的关键是，在任意 10 个交易日里出现的不可避免的回调过程中，下跌家数不能超过一定的数量。为了在回调过程中控制下跌家数，回调就必须是小幅回调。当日内下跌行情在收盘前出现反转时，常会形成小幅回调，盘中相差悬殊的涨跌家数差，在收盘时最终变窄。在回调期间（第 5 和第 6 个交

易日），涨跌家数比不应低于 1 400 家 /1 700 家。尽管这会使 A/D 的累计值被拉低到 1.84，但不是什么大问题。为获得分离动量，需要发生的最后一件事情是，在第 7～10 个交易日，必须出现第二波强劲上涨行情。虽然不必像第一波上涨那样强，但也不能差得太多。比如说，如果市场在第 7～10 个交易日里，涨跌家数比分别是 2 500 家 /700 家、2 300 家 /800 家、2 100 家 /1 000 家和 1 900 家 /1 200 家，那么这 10 个交易日的上涨和下跌家数，总计就是 21 000 家 /10 400 家。这样就可以算出 10 个交易日的 A/D 为 2.02——分离动量出现了！

因此，形成分离动量的关键，并不是涨的家数多，而是**跌的家数少**。例如，假设市场出现了强劲的两日上涨行情，它就必须在之后的几个交易日里（第 3、第 4、第 9 和第 10 个交易日），保持非常积极的普涨态势，以便将 10 个交易日的下跌家数控制在最低限度之内。此外，在这 10 个交易日里出现的"正常"回调过程中，下跌家数也必须保持在最低限度之内。在正常回调的两个交易日里，下跌家数可以超过上涨家数，但不能超过太多，否则市场就不可能出现足以抵消每一次下跌所必需的两次上涨。

顺便说一下经济与股市之间的联系，股市是经济的先行指标：股市经常会在经济衰退结束前 3 个月出现分离动量。（就像美国国家经济研究局（National Bureau of Economic Research）在经济衰退和复苏发生之后对其进行确认一样。国家经济研究局是这类事项的仲裁者。）

抛售高峰

在上升趋势开始的时候，股市涨得最快——然而，在下跌趋势末期，股市跌得最快。这常常导致**抛售高峰**（selling climax），此时股价跌得越来越猛，直到最终探底，然后出现一次持续时间很短的急速反弹。暴跌、探底和急速反弹时的成交量都非常大。之后，市场会通过**低点测试**（testing the low）的过程努力企稳。在最初急剧但持续时间较短的反弹之后，会出现一系列的再次探底的走势，这时，均线会尽力维持在最低点的上方。最初的低点测试一般会在反弹后的 3～4 个交易日之后发生，而更彻底、更具杀伤力的低点测试，一般会在反弹后的 3～4 周之后发生。如果，以成交量和创新低的股票数量等来衡量的卖压，没有超过抛售高峰期的峰值，则说明测试很可能就成功了；如果超过了，则表明市场还没有到达最后的底部。

测试前低（test of prior lows）的过程极具杀伤力。在下跌趋势的初始阶段，投资者非常麻木，都在看市场到底能跌多少；但在测试低点的过程中——不可避免地，此时新闻报道的都是最糟糕的消息——会出现巨大的心理恐慌："又要跌了"。只有当市场能够维持在抛售高峰期的最低点上方的时候（或者，市场一反常态，先略微跌破前面的最低点，然后再反转回到最低点上方，这种情况也经常发生），恐慌才会平息。

在某种程度上，一个成功的低点测试过程跟人喝了一整夜酒之后的经历很相似：最初的低点相当于第一次大吐，随后的低点相当于吐得越来越少。事实上，在理想情况下，当低点测试过程结束时，市场还会不停地干呕，虽然它不停地发出干呕的声音，但什么也吐不出来了。

图 8-3 是 1998 年道琼斯工业平均指数（DJIA）底部图，由 Decision-Point.com 绘制，该图非常完美地展现了抛售高峰时的市场最低点和随后的低点测试过程。

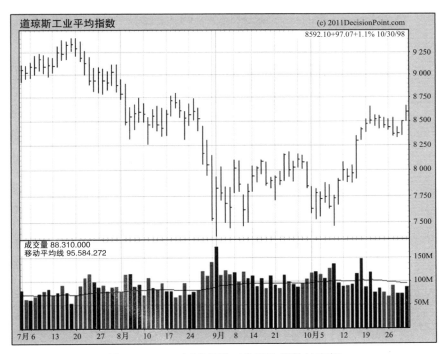

图 8-3　1998 年道琼斯工业平均指数的底部

资料来源：*DecisionPoint.com.*

关于指数的忠告

标普 500 指数几乎是所有专业人士都要用到的一个指数（index）。许多人都认为它是一个成分固定的指数。大错特错！多年以来，该指数的成分股一直在调整，其中某些年的调整要远大于其他时候。多数时候，成分股的调整都反映了基本面的变化。有的大型成分股公司，在并购之后歇业了。有的小公司，从小作坊起家，一步一步发展起来，成长为大型企业。指数不会忽略这些基本面的变化。

因此，随着时间推移，指数可以大体反映出同类公司代表性群体的市场表现。然而，在短期内，在成分股公司调入或调出的时点上，指数可能会产生异常，而此时指数的价格可能具有极高的误导性。

比如，在网络泡沫时期，下跌的不仅仅是科技股的价格，标准普尔指数也受到了拖累。

在一些网络股涨了很多之后，标准普尔公司注意到这些股票已经涨了不少了，因此，标准普尔公司在它们已经涨了很多，而且价格非常高时，把它们调入标准普尔指数。以雅虎为例，在2009年12月被调入标普500指数时，它的价格已经从1996年12月的不到1美元涨到了87美元。在随后的3周里，它涨到了125美元，然后一路下跌到与2001年中期相同的4美元。问题在于，不管怎么看，标普500指数最终并没有从网络股的上涨行情中得到任何好处。雅虎被调入指数之后，它在3周内涨了38美元。然后，接下来的1年半时间里，雅虎又跌了121美元——而这121美元的跌幅，标普500指数一美元都没有错过。

雅虎不是唯一被调入标普500指数并最终造成可怕的负面效应的网络股。因为标普500指数几乎是在网络股价格接近顶部的时候，才把这些股票调入，所以这些股票下跌时在指数中所占的权重，要远远高于它们上涨时在指数中所占的权重。

这就是标普500指数极有可能误导投资者的原因。人们倾向于把它当成一个静态指数——是一个板上钉钉的东西。可是，一旦你知道它的调整有多频繁，你可能就会大吃一惊。仅在2000～2009年，标准普尔公司的股票遴选委员会对标普500指数的调整就超过了300次。

此外，还有一个问题。

标准普尔公司股票遴选委员会在华尔街的影响力非常大，因为每当它把一只股票调入指数的时候，所有的指数基金都必须买入这只股票。每当标准普尔把一只股票调出指数的时候，所有的指数基金都必须卖出这只股票。因此，就网络股而言，当标准普尔发现这些股票（价格）已经涨得很高了，却并没有被纳入指数，于是最终决定将它们调入标普 500 指数时，指数基金被迫买入这些该死的股票，即使它们已经涨得很高了，即使它们对真正的长期投资者而言已经没有任何投资价值了。

所以，标普 500 指数并不是板上钉钉的东西——绝对不是！它的变化很大。这些变化往往会拉低而不是提高投资收益，因为标准普尔的股票遴选委员会往往在选股的时候慢一拍。遴选委员会对已经出现的行情做出反应。因此，在已经走完一波行情之后，这些股票终于在指数中占据了一席之地——然而太慢了，它们已经不能再拉动标准普尔指数上涨。不过，它们却会在下跌时，给指数带来非常大的影响。

·图表大教堂·

几年前，我有幸参观了富达公司的**图表室**，这是世界上最大的机构投资者之一的金融市场资料库（见图 8-4）。墙上展示着各种各样的图表，从利率到海外市场，再到美国股市的长期走势图（这张长期走势图的数据可回溯到 1779 年）。它包含了标准普尔和道琼斯指数设立之前的几个指数，比如克利夫兰信托指数，它们已经拼接到了一起。有趣的是，1832 年以前的数据的来源被标为"机密"。这让我产生了各种奇怪的猜测。难道是当时的人穿越到现代带来的？还是出自某个古墓中的某本经卷？还是来自其他什么途径？

在图表室里陈列的只有长期图表，没有艾略特的波浪图或者随机指标（stochastic oscillator，即 KD 指标）。其中一个区域，分门别类陈列着 1990 年以来美国主要市场的图表；另一个区域，则分别陈列着所有海外市场的图表。我发现这些图表极富启发性——它们从各个角度展示了市场的全貌。参观的时候，我静静地研读这些图表，禁不住像图表室里其他的基金经理一样，开始从一个相当长期的视角来观察金融市场。我注视着这些图表，就像在博物馆里注视着那些伟大的作品一样。我用"图表大教堂"一词，意指它是投资世界的伟大奇迹之一，充满敬意，而非戏谑。**图表室**（Chart Room）一词的首字母是特意大写的。

图 8-4　沃尔特·迪默在"图表大教堂"

图 8-4 是我访问期间"图表大教堂"内罕见的一幕。照片上的两个人，分别是我和波士顿富达公司的研究总监戴维·凯勒，非常感谢他允许我在

本书中使用这张照片。

在 2010 年访问富达公司的时候，我对全球牛市不可思议的、空前的广度深感震惊，目前，还没有迹象表明它的广度发生了太多的变化。

不过，像往常一样，生活并不简单。我想起从业生涯诸多重要经历中的一段。这得回到 1974 年 9 月中旬，当时我在英国剑桥的一次技术分析会议上做了发言。我的主题是美国市场。另一位发言人是戴维·富勒，他的主题是英国市场，其中有 1/3 的内容覆盖了全球的各个市场。第三位演讲者是被媒体誉为"图表教皇"的阿德里安·史瑞克（Adrian Shrikker）。他的公司位于卢森堡，他一直密切关注着全球市场。

史瑞克先生向我们展示了从欧洲大陆一直到环太平洋地区一个又一个股市的走势图。他讲了很长时间之后，一位参会代表终于举起手。"史瑞克先生，你已经给我们看了很多处于下跌趋势的股票走势图。现在，你能给我们看一些处于上涨趋势的股票走势图吗？"

史瑞克先生个子不是很高，他直身站起来，用我永远不会忘记的强有力的声音说："不，……不，我没有这样的图。现在世界上没有哪只股票处于上涨趋势！"

3 周后，持续了 6 年之久的全球熊市结束了。

平心而论，我应该说，有些走势图在底部出现之后，很快就开始表现得很积极。史瑞克先生也是。因此，我们从中能学到的经验是：尽管一切都成了多头或空头形态，市场无法变得更好或更糟，我们也必须耐心等待发生变化的早期征兆显现出来，然后再改变自己的观点。

第四部分

DEEMER ON TECHNICAL ANALYSIS

周期与波浪

第 9 章

市 场 周 期

　　周期（cycle）在市场分析师的工具箱里占有非常重要的地位。简单地说，周期是在数据序列中有规律地反复出现的运动。如果对周期进行测量的话，通常是从一个低点开始，到下一个低点结束。我会稍后再讨论为什么这么做。不管是在经济领域里，还是在股市里，每一轮扩张周期——不论周期多长——最终都会产生需要被纠正的过度行为。这个纠正的过程，也就是收缩（contraction），最终会导致下一轮扩张。

　　一个精明的技术型长期投资者需要关注两个周期：**四年周期**——股市每四年左右会出现一次重要低点，以及**康德拉季耶夫波浪**（Kondratieff wave）——这是一个非常重要，但定义比较模糊的周期，股市及许多其他的金融序列，每 50 年左右会出现一个代际低点。我先讨论康德拉季耶夫波浪。

长周期：康德拉季耶夫波浪

时间最长的金融周期就是康德拉季耶夫波浪（Kondratieff wave），它的周期长度是 50 多年（见图 9-1）。苏联经济学家尼古拉·康德拉季耶夫（Nikolai Kondratieff）在 20 世纪 30 年代提出该理论。受当时苏联政府委托，他对西方世界正在发生的经济萧条进行分析。康德拉季耶夫给出的结论是，这次萧条是一个包括繁荣和萧条的、持续时间约为 54 年的长周期的一部分，西方国家正处于萧条期的底部，而且西方经济很快就会复苏。

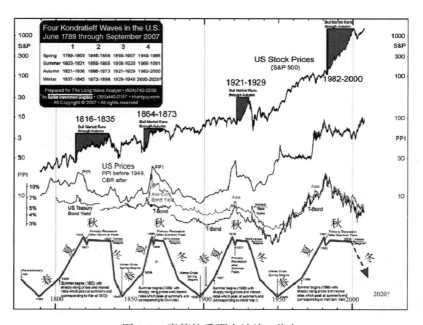

图 9-1　康德拉季耶夫波浪 / 黄金

他向政府提交了自己的分析报告之后，就被流放到西伯利亚，原因是他美化了衰败的资本主义。

但是，他是对的——因为他说，从欣喜到绝望，再从绝望到欣喜，人类的心理状态和情绪的波动周期相当长。事实上，一些分析师把它们分解成季节：持续时间较长的上升阶段是**康德拉季耶夫之春**，顶部是**康德拉季耶夫之夏**，下降阶段是**康德拉季耶夫之秋**，筑底的过程是**康德拉季耶夫之冬**。美国人在 20 世纪 20 年代处于欣喜期，在 30 年代和 40 年代处于绝望期。而且，就像冬天之后就是春天和夏天一样，美国人在 50 年代开始，又摇摇摆摆地进入了欣喜期。

根据康德拉季耶夫周期，我们刚刚度过了一个漫长的全球欣喜期，日本在 1989 年底到达顶峰，美国在 2007 年到达顶峰。我们现在正处于随之而来的、不可避免的下降阶段。在此期间，会出现经济遇冷和债务紧缩，最终会为经济和金融市场进入新一轮大型上升阶段奠定基础。不幸的是，我们必须先度过康德拉季耶夫之冬。

讨论康德拉季耶夫之冬的特点，以及它对投资者的影响，超出了本书的范围。如果你对此感兴趣，可以去看看我在附录中提供的一些建议，以帮助你进一步了解。从 2007 年开始的金融市场调整过程，很可能会持续相当长一段时间，知道这一点，就足够了。这意味着，投资者将不得不付出比以往更多的努力，才能在股市里实现持续盈利。

康德拉季耶夫周期的一大难题是，无法对它进行精确界定。如果它可以被界定为一个时长为 52.3 年的周期，也许学者们会更喜欢它。但是，康德拉季耶夫周期取决于人类的心理状态，而非确切的事件序列。正如鲍勃·法雷尔所说："精确再现的，不是历史，而是人类的行为。"

当下的康德拉季耶夫周期和以往相比，持续的时间更长。我个人的假设是，康德拉季耶夫周期衡量的是发生在两代人之间的事情；从忘记过去的错误，再到重犯过去的错误，需要两代人的时间。随着人们寿命的延长，每一代人的寿命也延长了，因此人们需要更长的时间来忘记过去的错误，然后再重犯这些错误。显然，我无法证明这一点。在这里我要说的是，经济活动和投资者的热情，从欣喜到绝望，再从绝望到欣喜，存在着某种不确定但非常真实的长期波动。这些波动，大约需要 54 年的时间，才能完成从一个底部到下一个底部的过程。我们现在正走向下一个底部。

四年周期

股市有两个广受关注的四年周期：**四年（基钦）周期**（four-year（Kitchin）cycle）和**总统周期**（presidential cycle）。多年以来，这两个周期多少有点并肩而行的意思，但它们的定义却大相径庭。在我看来，四年周期是真正的周期现象，而总统周期则不是。因此，我将使用本书出版时所能采用的最新图表，先讨论四年周期。

虽然几十年来这两个周期一直你追我赶并行不悖，但目前，正如我在 2011 年 8 月提到的，它们正准备分道扬镳。[⊖]

四年（基钦）周期

四年周期可以追溯到 1923 年哈佛大学的约瑟夫·基钦（Joseph Kitchin）所做的研究（见图 9-2）。基钦分析了 1913 年美联储成立之前的数据，他指出，早在 19 世纪末和 20 世纪初，在英美两国的经济联系还不像今天这样紧密之前，英国就已经存在四年周期。换言之，四年周期并非基于美联储的行动或美国总统选举。它只是表明，股市每四年左右就会出现一个重要低点。（不知出于什么原因，一直没有人把这类低点称为"基钦

⊖ 作者的相关评论会陆续发表在他的博客上。

探底")。

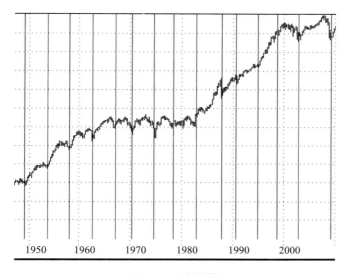

图 9-2 四年周期

可能四年周期的低点并不能代表大部分的市场调整（比如 1994 年的调整），但此类低点仍是这四年当中发生的最重要的调整。它是四年周期的最低点。

注意，我说的是四年"左右"。低点发生的间隔，会比四年略长或略短。而且，就像我们在后面将看到的，在极少数的年份里，偶尔低点出现的时间会后移，将四年周期延长为五年或六年。

低点是有规律的。然而，高点却没有任何规律可言，因此不能用高点计算周期的时长。高点可能出现在一个周期的初期（我们称之为**左偏峰**（skewed-left peak）），或末期（**右偏峰**（skewed-right peak）），高点出现的位置能够为我们提供重要的信息。

如果基本周期强于正常水平（也就是说，如果我们处于长期牛市），通常顶部会在周期中点之后出现，在图上，周期会向右倾斜。但是，如果基本周期弱于正常水平，通常，顶部会在周期中点之前出现，在图上，周期会向左倾斜。同样，如果你知道基本趋势强于或弱于正常水平，你就能预测出周期的高点会在中点之后或之前出现。

如果一个周期向右倾斜或向左倾斜（也就是说，如果顶部出现在中点之后或之前），那么你就能以此判断出基本周期是强还是弱（在第 12 章我将对此进行讨论）。同样，如果你知道基本趋势的强弱程度，你就能预测出周期高点将在中点之后或之前出现。

四年周期并不精确，但却具有非常明显的一致性。在以下年份，股市都出现了重要低点：1949 年、1953 年、1957 年、1962 年（1961 年的低点向后延了一年）、1966 年（1962 年之后的第四年，因此需要把市场放在新的四年周期表内）、1970 年、1974 年、1978 年、1982 年、1987 年（1986 年的低点向后延了一年）、1990 年（这又使市场回到了正常的四年周期表内）、1994 年、1998 年、2002 年。

事实上，在很长一段时间内，总统周期（我很快就会谈到）表现出了与四年周期非常高的一致性。但在 2006 年，两者都表现失常。这个现象既不寻常，又令人不安。两个周期都表明，2006 年股市应该出现一个重要低点，但市场走势并非如此。市场延后了两年多，直到 2008 年底和 2009 年初，才形成本轮周期的重要低点。

当然，总统周期认为这只是一种反常现象，仍按原来的周期时间进行推算，因为它存在的基础是总统大选。

而对四年周期而言，则是另一码事。低点会错过相应的时点，但是，之后它总会重新受到牵引，回到正常模式之内。

扩张型牛市与四年周期

四年周期低点出现的间隔超过四年的情况，过去只出现过三次。但是，最终每一次的结局都非常惨烈。

- 1961 ～ 1962 年。1957 年 10 月股市出现重要低点，所以下一个低点应该出现在 1961 年第四季度。然而，市场在 1961 年 12 月却再创新高，而不是形成低点。后来付出的代价是：道琼斯工业平均指数从 1962 年 3 月的 725 点暴跌至 5 月底的 560 点，然后在 6 月底于 520 点触底。这次大跌被称为"1962 年大崩盘"。大崩盘的幸存者永远不会忘记这次极端情绪化的大跌。（1962 年 5 月 29 日，直到晚上 8 点钟以后，纽约证券交易所的股票行情报价机才打印完当天的全部交易记录。）

- 1986 ～ 1987 年。1982 年 8 月股市出现重要低点，因此下一个低点应该出现在 1986 年中期。然而，市场在 1986 年中期只出现了一次短暂的横盘整理；随后，道琼斯指数从 1986 年底的 1 896 点，一直涨到 1987 年 8 月的 2 746 点。而接下来，道琼斯指数在 10 月一路狂泻至 1 616 点；10 月 19 日，星期一，这是最惨烈的一天——道琼斯指数暴跌 22.6%。这就是几乎令人难以置信的"1987 年大崩盘"。

- 2006 ～ 2009 年。2002 年 10 月股市出现重要低点，因此下一个低点应该出现在 2006 年底。然而，那时甚至都没见顶，一直到 2007 年 10 月，市场才见顶。但随之而来的"大屠杀"，几乎使整个金融系统轰然倒塌，而不仅仅是股市。

为什么扩张型牛市（bull-market extensions）的结局如此惨烈？我的猜想是，在扩张型牛市中累积的过度涨幅，要远远高于正常四年周期上升阶段所累积的涨幅。因此，随后熊市的调整幅度，也会大于正常情况下的调整幅度。不过，真正重要的是，如果市场没有出现预期中的四年周期低点，那绝不是市场强劲的信号，反而是警告：在不久的将来，将不得不对结构性的过度涨幅进行调整。

未来的四年周期

然而，从长期来看，四年周期在过去一直都运行得非常好，并且，没有理由相信未来它不会继续运行。市场情绪不断从热情转向悲观，再从悲观转向热情。而且很显然，四年周期描述了这些波动需要多长时间才能完成一个完整的循环——从悲观的低点到乐观的高点，再从乐观的高点回到悲观的低点。

当然，即使在持续时间更长的趋势中，也存在四年周期。这种趋势被称为**长期趋势**，指的是一波股市行情的持续时间超过一个四年周期，从而产生不断走高的四年周期高点，或不断走低的四年周期低点。例如，从1982年开始的长期牛市，持续了好几个四年周期。近一点的例子是，从2000年开始的纳斯达克的长期调整过程（即长期熊市），仍然没有完全结束。

总统周期

许多人用所谓的**总统周期**代替四年周期。当然，总统周期遵循的是美国总统的任期，并以马基雅维利原则（Machiavellian principles）为基础。

根据市场上流传的说法，总统和美联储会在总统大选前合谋刺激经济，以确保在大选的时候，大家看到的经济状况是最好的。反过来，乐观的经济形势，又会导致选民再授予白宫执政党一届任期，因为现任总统和执政党"显然"是经济形势一片大好的最大功臣。在选举前的过度刺激之后，接下来的两年，就会推出一系列的限制性措施给经济降温，然后，在下一届总统选举前，再制定新一轮的经济刺激计划。这就导致了大选前两年的经济要好于大选后两年的状况。

事实上，从历史来看，这个周期也运行得不错。根据佛罗里达州威尼斯的内德·戴维斯研究公司（Ned Davis Research）的统计，总统大选后第一年（最近的是 2009 年）的平均回报率为 5.5%，随后，即 2010 年，当大家担心政府可能出台限制性措施按最高标准收取通行费时，回报率下降到仅为 3.7%。然后，当这些宇宙级的政治大师和经济大师开始施展魔法时，平均回报率在预选年（2011 年）上升到了 12.6%，在大选年（2012 年）仍达到了极为可观的 7.5%。

然而，问题在于，按照总统周期的说法，2009 年和 2010 年本应该不好，但其实还可以——尤其是 2009 年。另外，美联储在这两年疯狂刺激经济。现在的问题是，美联储如何继续疯狂刺激，保持增长，让选民在 2012 年之后过得非常开心？

美联储的刺激政策可以推动市场上行，毫无疑问，至少它给我们带来了 2009 年和 2010 年的好日子。但是，从历史来看，我非常怀疑美联储会一直愿意让执政党连任。对我来说，这个假设很牵强。

就我而言，底线是，总统周期在与四年周期步调一致时运行得非常好。现在，既然已经不一致了，那就应该用充满疑虑的目光重新审视它。

季节周期

"5月清仓离场吗"

华尔街有各种各样的季节（seasonal）效应。不过，我不太信这些，因为它们并不可靠。比如，在2010年，传统的夏季反弹变成了下跌，而传统的9～10月的下跌变成了反弹。所以，季节效应有时候管用，有时候不管用——尤其是当对冲基金认为会有一波季节性行情，然后提前采取行动的时候。

> 我以前也担心，如果我在帕特南过于强调季节效应，就可能在某天早上，我一进公司发现自己已经被日历赶下了位置！

艾略特波浪

在结束关于周期的话题之前，也许，我应该简单谈一谈艾略特波浪理论（Elliott wave analysis），毕竟这个理论在某些圈子里很流行。事实上，有许多投资者非常信奉艾略特波浪理论，认为它是一套复杂的、难以破解的方法论。（对我来说，的确如此。）有不少有趣的书，对艾略特波浪理论进行阐述，也有很多投资者喜欢尝试破译这些书。

使用艾略特波浪理论，我从来没有成功过，除非是做事后诸葛亮。

从广义来说，艾略特波浪理论讲得很有道理，因为一波大行情一般都会分成三波或五波小行情，要么是两个大的上涨波段夹杂着一个下降波段，艾略特称之为ABC浪；要么是三个上涨波段夹杂着两个下降波段，也就是 ABCDE 浪。

但我一直无法理解，作为一名艾略特波浪分析师，怎么可能做到：先长篇大论地详细介绍得出某个结论的某种计算波浪的方式，然后又说，但是还有另一种同样复杂的计算波浪的方式，可以得出截然相反的结论。

看来，艾略特波浪理论在事后可以完美地对一切做出解释，但在实际投资决策的时候，却效果欠佳。长期投资者可以不用它。

第 10 章

不以市场价格为基础的周期

还有几个重要的、不以价格为基础的周期，也需要了解：股息收益率周期、债务周期和利率周期。它们中的大多数，会随着一个或多个以价格为基础的周期运行，但是它们自身也有一些很有意思的特性。

股息收益率周期

过去，股票价格周期可以用**股息收益率**（dividend yield）推算。道琼斯工业平均指数的股息收益率，过去常常在 3% ～ 6% 的区间内波动。当股息收益率达到 6% 的时候，就可以买入；当达到 3% 的时候，就可以卖出。这是已故的、伟大的埃德森·古尔德（Edson Gould）的"**情绪指标**"（Senti-Meter）的基础，这个指标可以用来衡量股票的相对估值（见图 10-1）。

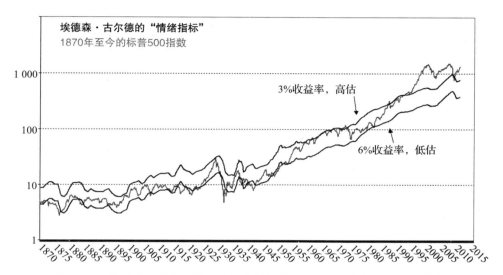

图 10-1　埃德森·古尔德的"情绪指标"与 1870 年至今的标普 500 指数

资料来源：Robert Shiller, Standard & Poor's, Bloomberg.

　　如果现在有人认为，6% 的股息收益率实在太不可思议了，那么请记住，就在 1982 年，标普 500 指数的股息收益率曾达到过 6.7%。

　　有人认为，在当前的长期估值回归过程结束之前，股票收益率将再次接近 6%。较高的收益率水平大多出现在市场的长期底部，比如 1949 年、1974 年和 1982 年。1949 年的收益率为 6.5%。

　　当然，现在平均收益率还不到 3%，这给投资者们造成了极大的焦虑，他们认为股价必须下跌 50%，才能达到 6% 的收益率。当然，这并不是收益率接近 6% 的唯一途径，上市公司可能也开始面临股东们要求再次支付股息的压力。

　　历史上，上市公司的收入用于支付股息的比例，要比现在高很多。后来，由于管理层的权力变大，股东的权力变小，这种情况发生了改变。过去，股东在管理上有更多的发言权，会经常要求分红。现在，管理层被股票期权和荒谬的以财报体现的盈利能力为基础的现金奖励迷惑。好啦，我们还是面对现实吧，这些甜头并没有对管理层起到有效的激励作用。股票期权激励管理层虚抬股价，并且还用公司赚的钱实施股票回购计划，从而抬高自己所持股票的市值。而以财报体现的盈利能力为基础的现金奖励，会鼓励管理层经常以牺牲公司的长期发展和盈利能力为代价，虚增当期收益。

在我看来，将来的某个时候，管理层将不得不开始再次与股东分享财富。他们将不得不向股东支付更多的股息，而不是用公司账上多余的钱回购自己手中的股票，也不再试图推高股价，从而抬高自己所持有的股票期权的价值。

债务周期

有几个周期存在于市场之外，但也会影响市场。第一个是债务周期（debt cycle），它大致上与康德拉季耶夫周期步调一致。

如果你绘制人均未偿还债务余额（debt outstanding per capita）的图表，你会发现，在几十年的时间里，债务余额会从小变大，最终达到债务展期的最大极限，然后再开始收缩。现在，家庭债务正在收缩。对于经济扩张而言，这通常是个坏消息，因为，此时你失去了灵活性，失去了再投资的能力，而且，还失去了你的房子。

投资者犯错并不是在局面好的时候，而是在他们认为眼下的好局面会一直持续到无限期的未来时。这是他们陷入困境的时候。相反，当局面不好的时候，只有当你认为眼下的坏局面会一直持续到无限期的未来时，你才会陷入困境。

对此，伯纳德·巴鲁克说得好："我一直在想，如果在令人遗憾的、终结于 1929 年的新经济时代，甚至在盘旋上升、令人眼花缭乱的物价面前，我们仍能坚守信念，相信'2+2 仍然等于 4'，那么，可能大部分灾难都不会发生。同样，即便在我写下这篇序言的时候（1932 年），我们仍然身处黑暗之中，仍然有许多人，开始担心会不会经济衰退永远不结束，而魔咒永远是魔咒。"（摘自 1932 年伯纳德·巴鲁克为《非同寻常的大众幻想与群体性疯狂》（*Extraordinary Popular Delusions of the Madness of Crowds*）一书所写的序言。）

利率周期

利率周期（interest-rate cycle）与债务周期相关，这是另一个长周期。

现在，我们正处在一个利率已经低得不能再低的时期。实际上，我们的短期利率是 0，长期利率大概是 3%。

如果你真的愿意思考一些可怕的问题，那就问问自己：当利率回到较为正常的水平时，会发生什么？

例如，短期利率会影响我们的预算赤字。根据 ISI 集团的数据，目前我们大约有 3 万亿美元的短期债务，我们几乎都没有支付利息。较为正常的短期利率是 3% ～ 3.5%，但不久前它达到过 20% 左右。利率每增加 1 个百分点，我们的短期借贷成本就会增加 300 亿美元。

长期利率同样可怕。现在，它徘徊在 3% ～ 4%。在我们的投资生涯当中（比如 1981 年），长期利率也曾达到过 20%。20% 肯定不正常。但 3% 和 4% 的长期利率也不正常。那么，当钟摆摆动到较为正常的利率水平时，会发生什么呢？

这不仅会影响预算赤字，还会对经济和住房市场产生巨大冲击。而且，由于债券和股票都想在我们的投资组合中占有一席之地，利率上升在某一时刻会对股价产生负面冲击，因为相对而言，此时债券比股票更有吸引力。

其他不以市场价格为基础的周期

还有一个不以市场价格为基础的周期也需要简单提一下。得益于"占领华尔街"（Occupy Wall Street）运动，这一周期在媒体上非常流行：收入分配周期（income distribution cycle）。美国前 1% 高收入人士的税前收入在全美税前收入中的占比，在 1928 年达到峰值，大约为 24%；到 20 世纪 70 年代初降至 9%，现在又回升到了 1928 年的峰值。不管你怎么看待"占领华尔街"运动，似乎他们的确有历史依据，因为从长期来看，"前 1%"人士的税前收入占比，极有可能会回落到更为"正常"的水平，而不会一直像现在这么高。

第 11 章

顶部与底部

为了对市场形成正确的认识，相比之下，长期投资者更应该看周线图，而不是日线图。

> 不过，必须承认，刚入行的时候，我认为周线图的运动简直像冰山一样，几乎看不出什么变化，所以根本不关注它们。当时还没有计算机生成的日内趋势图，我不得不把自己频繁交易的欲望限定在日线图上，这对我来说是件好事。成熟以后，我开始明白，对长期投资者来说，周线图才是应该关注的重点。

看股票走势图的时候，不管是日线图、周线图，还是月线图，你至少会看到下面四种情形之一：

1. **顶部**。股票的上涨行情正在结束，正准备下跌。

2. **下降趋势**。股票正在下跌。

3. **底部。**股票的下跌行情正在结束，正准备上涨。

4. **上升趋势。**股票正在上涨。

在这四种情形之中，顶部和底部最重要，因为，它们正在告诉你，目前的趋势正在发生改变，而非延续。

顶部

形成顶部（top）的第一个迹象，就是市场或股票开始失去动量。有各种各样的顶部形态（比如圆弧顶、头肩顶，等等，实在太多了）我们没有必要逐一讨论，那超出了本书的范围。

我会和你一起分析一个形态——头肩顶，用一分钟的时间，告诉你如何在走势图上判断动量消失。如果你想了解更多的顶部形态，附录中的相关建议应该能为你指明正确的方向。

重要的市场顶部可能是慢慢形成的，是呈圆弧状的。股价可能会在相当高的位置保持一段时间。

在顶部的时候，新闻报道和经济前景自然都是乐观的。但是要记住，**市场会在新闻界和投资者感知到经济状况变化之前就开始下跌。**

当市场或股票开始下跌的时候，通常会比较缓慢。

但如果是泡沫顶，则属于例外。这种情况下，市场可能价格虚高，危机四伏，时机一旦成熟，就会突然反转。相当突然，在很短的时间内，就会给投资者造成巨大的损失。这样的顶部比一般的顶部更少见，但是当它们出现的时候，确实非常危险。

不过，要记住一点，顶部通常需要相当长的时间才能形成，而且，上行动量明显消失，下行动量逐渐集聚，这都是表明市场见顶的信号。另外，当这一切发生的时候，新闻报道的内容自然还是乐观的。

头肩顶

在筑顶的过程中，没有哪个头部形态能像头肩顶（head-and-shoulders top）一样清晰表明什么是动量消失。图 11-1 是理想化的头肩顶形态，展示了上行动量消失的过程。这个波形包含 6 个要素：

1. 第一波上涨，将成为**左肩**。
2. 第一波回调，将成为**颈线**。
3. 第二波上涨，涨到一个更高的高点，它将成为**头部**。（然而，需要注意，此时股票看起来仍然走势良好；第二波上涨的高点明显高于第一波上涨的高点，随后下跌的幅度会比第一波下跌的幅度大很多。此时，股票还没有失去任何动量。）
4. 第二波回调，回撤掉了第二波上涨的全部涨幅，把股价拉回**颈线**的位置。（这是股票上行动量开始消失的第一个迹象；与第一波下跌不同，第二波下跌的幅度与第二波上涨的幅度一样——比第一波下跌的幅度大得多。"警示旗"正在挥舞。）
5. 第三波上涨，没有创新高，只是反弹到了**右肩**的位置。（这是局势真正开始变得严峻的位置；第三波上涨的幅度明显小于第二波上涨，更糟的是，它没有收复第二波下跌的全部跌幅。这意味着，现在上行动量已经严重缺失。）

6. 最后一波回调，击穿前两波回调的低点——**颈线**——最终呈下跌走势，完成了**头肩顶**形态。

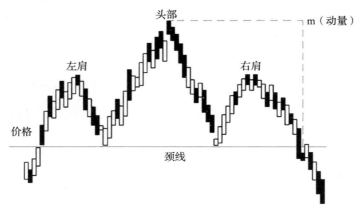

图 11-1　头肩顶

资料来源：*Wikipedia*.

在这张头肩顶形态图上，我们研究的重点并不是这只股票走出了经典的顶部形态，而是这只股票涨幅巨大，但现在上行动量明显消失，下行动量开始集聚。这是走势逆转进入下降趋势的征兆（前提）。

如果运气好，你可以算出一只股票的动量消失的速度有多快，这样你就不怕继续持有它。记住，**股票在牛市开始时涨得最快，然后，渐渐地涨得越来越慢——但是它们还在继续涨**。这意味着，一旦股票出现了第一波上涨行情，它的动量就会逐渐消失，直到见顶。那么，你需要知道什么时候动量消失开始变得非常严峻。因此，如果一波上涨行情涨了 10%，下一波涨了 8%，再下一波涨了 6%，之后又来一波涨了 4%，只要下跌的幅度不是很深，股票还在继续创新高，继续持股就没错。最理想的是，你的股票先涨了 10%，然后跌 4%；再涨了 8%，然后跌 5%；再涨了 6%，然后跌 6%；再涨 4%，然后跌 6%。这样，你的股票就是在上涨的过程中逐渐失去动量，但这种走势需要的时间很长。事实上，如果你看的是周线图，那么这个过程需要几年时间才能走完。

· 失败的头肩顶是最强的看多信号 ·

已故的迈克·爱泼斯坦在考恩公司（Cowen & Co.）做过几十年的交易员，他是我见过的最聪明的人之一。他的一句话里蕴含的智慧，大多数人用几段话都未必能说明白。

有一天，我参加美国职业技术分析师协会的头脑风暴会议，席间，迈克随口说了一句："**失败的头肩顶是最强的看多信号。**"

就这么简练！

他的意思是，股票已经走完了筑顶的每一步：失去动量，击穿一系列低点，一切该发生的不利的事情都发生了，但随后它并没有跌下去，反倒上涨了。就像《洛基》（Rocky）系列电影一样。投资者用尽一切手段攻击这只股票——**一切手段**——但它仍然努力从地板上爬了起来。

这就是失败的头肩顶。

碰到这种股票，就一个字："买"。

你还需要把股票走势图放在更大的背景下进行观察：它在什么市场？属于哪个板块？

纳斯达克指数涨了几年之后，于 2000 年 4 月见顶。我当时想买的最后一只股票是一只科技股，它在 2000 年 2 月才走出底部突破的形态。可惜太迟了。它的形态是绝对经典的图表形态，值得写进任何一本已经出版的图表教科书。但是，其他同类股票都已经连续涨好几年了，而这只股票却一直等到 2000 年 2 月才启动，那一定有问题。

还有，永远不要认为走出底部突破形态的股票，就一定会涨。真未必。同样，完成顶部形态破位下跌的股票，也不是一定会跌。

你必须把所有的因素放到更大的背景下去观察。

底部

重要的底部（bottom）非常可怕。在重要底部，市场缺乏理性，波动很大。有些底部是圆弧底，但相比之下，大多数底部都非常不规则。市场会慢慢阴跌，然后快速跳水。

记住，**恐惧是一种远比贪婪更强烈的情感**。市场底部的波动性通常比顶部的大得多，而且对市场当中的每一个人都会产生影响。的确，没有经验的投资者会恐慌性抛售，但那只是冰山一角。

机构投资者可能早已经卖了，因为他们预计会有负面消息传出来。然后就是市场下跌，然后新闻开始解释为什么下跌，再然后那些个人投资者也纷纷卖出。本质上，在熊市里，每个人都高度紧张，新闻单靠渲染恐慌的氛围就能影响市场。

产品净值处于基准线以下的基金经理面临压力，被迫去"做某些事"——**任何事**——以防止损失扩大。所以，他们的抛售也是一个影响因素。程序化交易者也开始行动，它们会在整个市场还没有形成下跌趋势的时候，就卖出通过系统参数识别出的陷入困境的个别公司的股票。

当然，投机者和短线交易员也会在下跌过程中卖出。他们希望以后能以更便宜的价格再买回来。

但是，在接近底部时，导致不稳定的真正因素是强制性抛售。

比如，有位对冲基金经理，他可以买的股票市值是他本金的数倍。他手上的每 25 美元，都能买入 100 美元市值的股票，其中，有 25 美元是对冲基金的本金，另外 75 美元是从证券经纪公司借的。

如果股价下跌 20%，在熊市里对一只价格不稳定的股票来说这很容易，那么已经借出 75 美元的放款人现在持有的是 80 美元（100 ×（1 - 20%））的股票。5 美元的安全垫低于放款人的要求。所以他打电话给对冲基金要求追缴保证金。如果对冲基金有钱，一切都好办；但如果没有，放款人就会卖出头寸，拿走他的 75 美元，然后把剩下的还给对冲基金。到那时，可能只剩下一两美元了。

华尔街最残酷无情的卖家就是保证金办事员。这些办事员的职责是保护他们自己公司的投资，也就是放出去的贷款。只要能收回他们的 75 美元，他们才不在乎卖出的是什么。结果呢？在市场已经下跌之后，你经常会买到大量强制性抛售的股票——非常多。

因此，每天在市场下跌的时候，保证金办事员都会计算账户里还有多少净值，也就是使用保证金交易的杠杆买家亏了多少保证金，还剩多少保证金。如果杠杆买家的保证金余额不足，保证金办事员就会发出通知，要求杠杆买家补充资金——就是**追缴保证金**。一天之内，会发出两次追缴通知。如果杠杆买家不能满足追缴要求，账户中的股票就会被平仓——而且是立刻平仓。

那对冲基金呢？最终结果是"25 美元投资，只剩下 1 美元"——亏了 96%。这导致对冲基金会采取其他的调整措施，其他的抛售行为。

通常情况下，那些可怕的下跌并不是由简单的、普通的恐慌性抛售造成的，虽然这些恐慌性抛售的确扮演了一定的角色。真正猛烈的抛售压力，来自于无法满足保证金追缴要求而引发的保证金抛售。强制性保证金抛售的行为会在底部达到高峰。一旦借款和高杠杆持仓的大规模清算结束，就已经到底了。

2008 年，美国房地产泡沫以同样的方式收场。金融机构将房地产贷款打包，创造出许多设计得非常复杂的金融工具，而这些金融工具又被大量的贷款买走。当房地产市场崩盘的时候，这些金融工具被强制抛售，然后房地产类的金融工具就触底了。

· 大规模强制性抛售 ·

1974 年，股市经历了之前近一年的下跌，从 1 000 点跌到了 650 点左右。纽约州政府当局随后前往一家保险公司，说："你们没有达到法定准备金要求，必须筹集资金满足要求。"保险公司的唯一办法就是卖出股票，这家公司迫于管理当局的压力，不得不在紧张且缺乏流动性的市场上大量抛售股票，而此时的市场已经跌了很长时间，而且，从历史来看，也已经处于非常、非常低的点位了。

因此，熊市的最后一跌，把市场砸到 1974 年最低点的最后一跌，就是由这家保险公司造成的，这家保险公司在华尔街被亲切地称为"疯狂轰炸机"（Mad Bomber）。几乎就是这家保险公司一手把道琼斯工业平均指数从 1974 年 9 月 24 日的 680 点，砸到了 10 月 3 日的 573 点。而这家保险公司的抛售，又引发了一波保证金催缴。

这次下跌的起因，并不是保险公司自身想抛售——而是它不得不抛售。（当然，现在房地产市场也在发生同样的事情——下跌行情中的强制性抛售。）

头肩底

在底部，也会形成头肩底（head-and shoulders bottom）。这种形态也被称为倒置头肩形态，它标志着下行动量消失。

想弄清楚头肩底长什么样，可以翻到图 11-1，找到头肩顶，然后把书倒过来。

股票下跌，形成一个低点。然后反弹。股票再次下跌，并创新低。再次反弹。股票又一次下跌，但没有创新低。然后，它又一次反弹，最终呈上升走势突破颈线。

动量消失了。不过，这次消失的是下行动量。

它正准备从地板上"站"起来。

旗形整理及其他形态

还有无数种其他的形态。我试图避开形态，因为它们往往会使你做出削足适履的事。形态有时候管用，有时候不管用。

重要的是，形态衡量的是什么？例如，在正常情况下，当一只股票涨了 10% 的时候，它会休整一下，形成所谓的**"整理形态"**（consolidation pattern）。整理形态的具体形式是什么（旗形整理、三角形整理、上升三角形整理，等等）并不重要。重要的是，这只股票已经大幅上涨，现在休整一会，然后准备再次上涨。如果你想把某种形态套用到这次整理上，如果你想把它称为旗形整理、三角形整理，或者别的随便什么整理，都没问题，但你最该做的一件事，就是要知道它正在整理，别去管它到底会走成哪种整理形态。

使用技术分析术语指代的形态实在太多了，对一般投资者或者一般投资组合经理来说，这些术语没有任何意义。你不需要使用术语就能表达观点，并有效交流。术语只会使事情越搅越乱。（这也是鲍勃·法雷尔教给我的，把这一点学到手的技术分析师太少了。KISS 原则——尽量简单，傻瓜一样。）

通常，头肩顶/底就是我所描述的这种一目了然的形态。但除此以外，我说的只是股票已经形成底部，而且正在反弹。它处于上涨期，然后会进行整理。终于，开始进入单边上涨行情。然后它的动量消失，经过某种筑顶过程，形成顶部，下跌，在下跌过程中会出现多次单边下跌的行情，最后，又进入某种筑底过程。

我想，用"**筑底过程**"（bottoming process），总比从 18 种听起来莫明其妙的形态标签里挑 1 种出来给它贴上，要好得多。

第五部分

DEEMER ON TECHNICAL ANALYSIS

指　标

第 12 章

趋 势 指 标

指标（indicator），可以是用来预测股价变化的任何东西——只要它可靠，而且一直发挥作用，任何东西都可以当作指标。

指标各式各样。有人专门关注偶然事件和无聊琐事。有一段时间，似乎女性裙子的长度会随着市场的涨跌发生变化。（裙摆变短时，技术分析师们会在图上画出许多有意思的可以解释这一现象的趋势线。）要是国联的球队（National Football Conference，NFC）获得了超级碗冠军，就预示着市场将要上涨（苏珊·克拉金会说，匹兹堡钢人队获胜市场就会上涨），要是美联的球队（American Football Conference，AFC）获胜，则将导致市场下跌。

纽约大学的菲利普·梅明（Philip Maymin）甚至开发了一个音乐指标。根据这个指标，市场波动与歌曲节拍的复杂性成反比。（其原理是，在行情不好的时候，市场参与者更喜欢简单、舒缓的节拍；反之则喜欢复杂、激烈的节拍。）但是，因为当交易员的音乐播放列表里都是平静风格的歌曲时，肯定早就已经非常紧张了，所以我宁愿用这个指标预测音乐的趋势，而不是买股票。

精明的技术投资者的工具箱里，一般都有很多种指标，可以随时对市场进行评估。他知道市场处于康德拉季耶夫周期和四年周期的哪个阶段，处于利率周期和股息收益率周期的什么位置，最近的主要底部和顶部在哪儿，当前的市场情绪是极度乐观还是极度悲观，当前的走势属于哪种图表形态。

这都是他的前期准备。

他已经为下一步行动做好准备了。他也可以用其他指标作为下一步行动的向导。但是，用哪些呢？

指标

指标可以给出确定性的或驳斥性的建议。**确定性指标**（confirming indicator）给出的建议是："约翰·史密斯说棉花价格会涨，史密斯总是对的。"**驳斥性指标**（contradictory indicator）给出的建议则是："约翰·史密斯说棉花价格会跌，可史密斯总是错的。"它们当中的任何一个，都可以作为确认棉花价格将会上涨的有效指标。（注：不要把驳斥性指标与下面要讲的反向指标混为一谈。）

此外，指标主要分为两种类型：**趋势指标**（trend indicator）和**反向指标**（contrary indicator）（或用于识别走势向某个方向或其他方向运行的指标）。这无非表明，指标要么用于识别行情走势的连续性（趋势），要么用于识别行情走势的潜在变化（反向）。

每种指标都有缺点：如果当前的趋势发生变化，趋势指标的信号出得比较晚，而反向指标的信号则出得比较早。投资者必须自己决定一般情况下选用哪种类型的指标——是信号出得早的，还是出得晚的。对多数小投资者来说，趋势指标的效果比较好，风险也比较低。对大型机构的基金经理来说，反向指标是唯一选择，因为一旦他们决定买入，他们的买入规模就会大到足以推动市场上涨。（例外情况可能是在较为动荡的底部阶段，当巨量的恐慌性抛盘和强制性抛盘汹涌而出时，大规模买入才会有一定的隐蔽性。）

即便最好的指标，也会出错。指标揭示的是可能性，而非确定性。（"塔克·安东尼和 RL 戴公司"的传奇分析师斯坦·博格一直在提醒我们："记住，**我们处理的是可能性，而非确定性。**"）比方说，如果一个指标发出股价看涨的信号，在 77% 的情况下，股票可能会上涨；但在另外 23% 的情况下，股票可能会下跌。没有哪个指标会一直管用。甚至，管用的指标通常也不能精确地预测底部和顶部。

所以，自己"喜欢的指标"，自己挑吧。记住伯纳德·巴鲁克的名言："**不要试图在底部买入，在顶部卖出。没有谁能做到这一点，除非是骗子。**"

记住：新闻不是指标，根本不是

这一点，必须反复强调。

新闻——坚持把新闻当成指标用的投资者实在太多了，**但它根本就不**

管用，它根本就不是一个指标。恐怕投资者很难接受这一观点。投资者极少定期跟踪自己的投资组合，只有当经济事件上了头条新闻的时候，才去关注。在这一点上，新闻的做法倒是跟他们一模一样——当事件成为头条时，新闻才会去关注，不管爆出来的是好消息还是坏消息。但是，很可能市场早就已经对这些利好和利空做了个折现。

正如鲍勃·法雷尔所说："市场预期未来，而新闻夸大事实。"

只有在牛市或熊市的最后阶段，新闻才可能影响市场。此时，无孔不入的好消息或坏消息，会促使缺乏经验的投资者进行最后一轮恐慌性买入或卖出。

趋势分析：千万别跟行情作对

当然，最基本的趋势指标就是目前的价格走势。在华尔街，甚至有这样一句尊重价格走势的老话："千万别跟行情作对。"如果当前的趋势向上，那你最好认为它还会继续往上涨。如果当前的趋势向下，那就认为它还会继续往下跌。

如果市场处于上升趋势，它就是在涨。一味固执己见地认为市场"太高了"，或"超买了"，因此该往下跌了，其实没什么意义。此时，是仔细观察市场的时候，但不一定是卖出的时候。

处于超买状态的市场可能会反转，而且可能你也认为它就要反转了，但是，在实实在在的反转发生之前，千万不要坚持认为它一定会反转。

还有，记住，**你关注的应该是最近几周和几个月的趋势，而不是几小时或几天的趋势**。

趋势是你的朋友。晚一点认出它，毕竟比完全错过它要好很多。

通过平滑分析每日的股价波动，有很多趋势指标可以更容易识别出当前的趋势。这些指标，大都可以在网上常见的图表软件里找到。

趋势通道有助于观察当前趋势的方向。多数技术分析师会用直线把高点和高点连起来，低点和低点连起来，画出趋势通道。图表软件里也有很多可以在 K 线上下两侧一定距离处画出包络线的指标。只要股价位于通道或包络线内，当前的趋势就没变。

周期分析及潜在趋势

趋势从来不是静止的。一般来说，价格可能正朝某个方向运动，但趋势背后的力量一直在变化。**周期分析**（cycle analysis），可以帮助识别基本趋势的变化，是趋势分析的必要补充。

弗兰克·佩卢索是极具天赋的技术分析师，我在曼哈顿基金和帕特南工作期间，他在杰瑟普与拉蒙特公司（Jesup and Lamont）工作。我从弗兰克那里学到的关于周期的知识，比从其他地方学到的都要多；他是学物理出身，他认为市场周期跟钟摆的摆动类似。价格开始下跌，加速，达到加速度的极值，然后减速，最后在另一侧的极点处结束。

所以，周期分析的核心是：钟摆位于圆弧的什么位置？它正在向上还是向下？它正在加速还是减速？

不过，在周期分析当中，最有意思的是：要是它出错了，接下来会怎么样呢？

弗兰克将这种情况称之为**潜在趋势**（underlying trend）。这是我学到的最重要的东西之一。

· 潜在趋势的重要性 ·

有一回，弗兰克到曼哈顿基金做推介。当时，他把市场周期分成三个级别：2 ~ 10 天、2 ~ 10 周和 2 ~ 10 个月。他主动提出和我们分享他的买卖信号，让我们进行评估，执掌曼哈顿基金的蔡志勇欣然同意了。

不久，我接到了弗兰克的电话："刚刚出了一个 2 ~ 10 天周期的买入信号。"

蔡志勇很高兴。要知道，在市场下跌时，他仍然是多头。

没过两天，我又接到另外一个电话："刚刚又出了一个 2 ~ 10 天周期的卖出信号。"

蔡志勇大为恼火。市场一直对他不利，他正在寻找喘息的机会，并且"这两天根本就没涨"！对蔡志勇而言，与弗兰克·佩卢索的合作就此结束了。

我把这事告诉了弗兰克，他马上对我说："不，沃尔特，你没明白。如果某个周期没有达到正常预期，则意味着它后面更高级别周期的力量会异常强大。潜在趋势异常强劲。"

的确如此。在 2 ~ 10 天买入信号失败后，市场果然下跌了——跌得非常厉害——一连跌了九天。

这个故事告诉我们，如果市场"应该"做什么，却没有做，那就说明下一个更长周期的趋势异常强大——强大到足以阻止市场去做它"应该"做的事——这种强大的潜在趋势，可能会在接下来的行情中，让人们意识到它的存在。对于精明的技术投资者来说，这条信息的价值难以估量。

市场广度指标

趋势指标用于判断市场的方向，而**广度指标**（breadth indicator）则用于判断市场走势的健康程度。一轮几乎涉及市场中每一只股票的大范围普涨行情，可能会持续很长时间。一轮只有少数几个板块拉动的上涨行情，可能很快就会结束。而一轮上涨行情如果只有某个板块或少数几只龙头股拉动，则市场可能已经进入了熊市。

腾落指数（advance-decline line）告诉你的是，有多少只股票在上涨，同时又有多少只股票在下跌，因此，可以知道上涨行情的范围究竟有多宽。它的计算方法很简单，就是计算每天上涨的股票数量，减去下跌的股票数量，然后再与前一天的指标值相加。（你可以把指标初始值设定为你想要的任何数字。腾落指数的关键在于自身的变化趋势，而非某个特定的指标值。）如果想要判断大牛市何时结束，就得观察腾落指数何时出现峰值。

在牛市开始时，涌入市场的资金规模如此之大，这些资金进驻的股票如此之多，以至于所有股票都会涨。然后，过了一段时间，涌入市场的资金开始减少，只有大部分股票还在继续上涨。然后，又过了更长一段时间之后，涌入市场的资金进一步减少，于是只有一小部分股票继续上涨。最后，涌入市场的资金非常少，只有少数个股上涨。腾落指标会将这一切都反映出来。

另一种观察市场广度的方法是，计算高于某种趋势所定义的移动平均线的行业数量在全行业中的占比。在牛市开始的时候，这个比例是 100%，然后随着牛市步入尾声逐渐下滑。

市场广度的概念，也适用于对市场内的板块进行分析。举例来说，如果从整体看，科技板块的下跌家数多于上涨家数，可能就意味着，尽管科技板块的指数还在上涨，资金还在持续流入（不过数量较少），但该板块已经到了顶部。这些资金可能全都流入了某只大盘股，比如苹果公司。

投机活跃度分析

投机活跃度指标（speculative activity indicator）监测的是与交投较保守的股票的成交量相比，投机性交易的水平。现在，衡量投机活跃度最基本的方法，就是将纳斯达克的成交量和纽约证券交易所的成交量进行比较。

托尼·塔贝尔（Tony Tabell）是我非常好的技术分析导师之一。我最初遇到他时，他还在沃尔斯顿（Walston）工作，后来就自立门户了。他分析投机活跃度的方法是：计算某个交易所的成交量与纽约证券交易所的成交量的比率（当时没有纳斯达克的成交量，他采用的是美国证券交易所的成交量），然后，通过计算该比率的 4 周移动平均值和 52 周移动平均值对其进行标准化，最后再用短期（4 周）移动平均值比上长期（52 周）移动平均值。这样，他得到一个围绕 1.00 上下振荡的比率（当 4 周和 52 周的平均值相等时，比率为 1.00 ）。

当然，现在我们采用纳斯达克的成交量，而不是美国证券交易所的成交量。如果这个比率上升到 1.18，就是警告信号：投机活跃度太高了。如果上升到 1.27 以上，则是一个非常明确的、迫在眉睫的危险信号。

对数据进行标准化处理，消除了因成交量萎缩而导致的纽约证券交易所成交量长期处于下滑趋势等情况造成的长期偏差。当此类长期变化发生时，它们会被自动计入 4 周和 52 周移动平均线。

在过去，为了防止过度投机行为，我们还会监测保证金交易的情况。不过，现在还有许多其他的方法可以加杠杆，作为监测指标，保证金交易的债务余额已经变得不那么重要了。为了借用杠杆，你可以买入标普 500 指数 ETF，它上涨和下跌的速度，是标普 500 指数的两倍，甚至三倍。你还可以买标准普尔期货，也可以买期权，你可以做各种各样的事。你可以做各种各样的杠杆交易，而不必被迫采用保证金交易。如果有人认为新罕布什尔州制药公司有一种新药会非常抢手，他可以去买它的期权，而不是采用保证金的形式买入它的股票。期权的杠杆更高，更便宜，这是最快的赚大钱的方式——但是如果方向做反了，这也是把钱赔光的最快的方式。

许多分析师用期权交易数据监测投机活跃度。但是期权交易可能来自那些通常判断正确的人（比如对冲基金经理），或者那些通常判断失误的人；这种方法的关键在于，要区分出哪些交易来自通常判断正确的人，哪些交易来自通常判断失误的人。我还在继续进行这方面的研究。

· 美国证券交易所的投机活跃度 ·

在 20 世纪 60 年代末的鼎盛时期，美国证券交易所的交易量达到了纽约证券交易所的 60% 或 70%。1961 年 5 月有两个交易日，由于萨菲尔石油（Sapphire Petroleum）和以色列 – 美国石油（Israel-American Oil）等一些价格非常低的股票，美国证券交易所的交易量实际上已经超过了纽约证券交易所。

美国证券交易所投机性股票的成交量异常巨大，这是一个非常糟糕的迹象，表明投机热情已经达到了相当高的、难以为继的水平——它最终导致了 1962 年大崩盘。

异常分析

我是从约翰·本内特（John Bennett）那儿第一次了解到异常分析这个概念的。在 1970 年，他从帕特南的市场分析部门主管升任研究部主任一职，随后，我接任了市场分析部门主管。**异常分析**（exception analysis），其思路是对多个指标进行跟踪，对其异常值进行分析。现在多数市场分析师都会这么做，但当时这么做的人很少。当指标在正常范围波动时，我们可以忽略它们。以布林带指标闻名的约翰·布林格（John Bollinger）曾精辟地指出："没有哪个指标会一直发出信号。"但是，当指标在某个或另一个方向超出正常范围时，我们必须予以重视。有些指标每两年才发出一次信号，可一旦它们发出信号，就有可能是非常重要的信号。

这对监测投机金额的指标来说，尤其有用。大多数时候，市场上的投机活跃度保持在正常范围之内，但每隔一段时间，它就会变得很高，高到非常危险，此时，就需要将该指标的信息纳入考虑，并据此得出结论。当然，在这种情况下，结论极有可能是市场正在形成重要的顶部。

相对强度

如果你在关注某个局部市场，比如个股或板块，你也应该关注该股票相对于一个大的相关群体的表现。

因此，需要将个股与板块、板块与指数进行比较，而且，还需要将指数与整个市场进行比较。看看相比之下，它是更强，还是更弱。

新一轮牛市的龙头，会在熊市结束时通过相对强度表明它的做多意图。

相对强度是一个极其重要的课题。我会在第 13 章（市场板块指标）和第 16 章（选股）进行更全面的讨论。

一个有希望的新指标

国际证券交易所（ISE）是世界上最大的期权交易所之一。我非常看重该交易所的一个指标。这个指标就是该交易所统计的 **ISEE 指数**，它是一个仅统计公众投资者"开仓买入"交易的看涨 – 看跌比率。（**公众投资者**，指非机构投资者和非经纪机构投资者；**开仓买入**，指交易者在某期权合约上的新增开仓交易。）

假设你坐在电脑前，突然发现市场正在上涨。你赶紧买一些苹果看涨期权。这就是一笔开仓买入交易，你买的是你以前没有的期权。比如，你买了 100 张看涨期权。所以，现在的开仓买入量是 100。明白了吧？当你卖出这些期权时，看涨期权的成交量还是 100 张。但这不是一笔开仓买入，因为你是在卖出、平掉你的头寸。这是一笔平仓交易。所以，它不会被计入开仓买入数据。

因此，ISEE 比率监测的是看涨期权（认为价格将上涨）和看跌期权（认为价格将下跌）新的开仓买入行为。

尽管我仍然希望它能成为一个有价值的指标，但是我还在努力搞清楚突发的交易行为是否反映的是"通常正确"或者"通常错误"的市场参与者的行为，因此给出的是反向信号或确认信号。例如，在2010年12月中旬，看涨－看跌比率在一周左右上升到了接近历史高点的水平。我把这理解成是每个人都在为传统的年终反弹做准备的信号，因此，年终反弹可能已经结束了。但事实证明，所有这些买入看涨期权的人都是对的，因为市场在当年年底之前一路走高。不过，后来，ISEE比率反映的在2011年8月和9月标普两次跌破1 125点时的大举买入，证明了它的价值；此后不久，该指数就上涨了100点。

需要再次说明的是，我并不关心某类投资者是总正确还是总错误——只要他们的交易行为具有一致性就足够了。而且，我还无法确定ISEE的看涨－看跌比率是不是一个具有一致性的反向或确认信号。

·一个历史指标·

早在20世纪60年代，市场上的许多交易都是碎股（odd lot）交易，即交易数量少于100股。我们利用碎股交易数据开发过一些很好的指标。

为什么碎股如此重要呢？

在当时，花4 000美元买1手（即100股）股票超出了大多数工薪阶层的支付能力。（在1959年，年人均收入只有5 000美元，一辆新车的价格是2 200美元，一套房子的平均价格是30 000美元。）

为了鼓励人们投资股票，纽约证券交易所和美林公司推出了"月度投资计划"，允许小投资者可以每个月最少只买40美元的股票。通过广告宣传，怂恿人们"拥有你在美国的公司股份"。这个概念被称为"人民资本主义"。

那时候股票的平均价格大约是 40 美元，所以需要 4 000 美元才能买 1 手股票。那么，按照每月 40 美元的持续买入计划，需要 100 个月的时间才能攒够买 100 股的钱。因此，当时的碎股交易——人们可以买入少于整手的股票——非常活跃。事实上，在 20 世纪 50 年代，纽约证券交易所的碎股成交量大约是整手成交量的 10%。

当时只有两家经纪公司有碎股业务。美林，是一家公平而仁慈的经纪巨头，曾跟一家经纪公司合作开展了几个月的碎股业务，然后又与另一家经纪公司合作了几个月。所以，我们可以从两家经纪公司拿到详细的碎股数据。

当时碎股成交量约占纽约证券交易所整手成交量的 10%，这个比例的确太高了。这是一个非常好的例子，因为这数百万股中的每一股，都是以不到 100 股的碎股成交的。因此，这个数据反映了相当多的人正在做什么。这为我们提供了非常好的情绪指标，可以监测大众心理处于何种状态。

在美林，我们把碎股交易分为三类，包括买入、卖出和卖空，跟其他公司一样，不过，我们还拿到了那两家公司碎股库存变化的数据。这两家经纪公司都是华尔街有史以来库存管理方面最精明的交易商——一直都是。例如，当一家碎股经纪公司接到一个卖出 50 股 IBM 的指令时，为了能借给客户 50 股，它必须先在纽约证券交易所买入 100 股 IBM。然后，它有两个选择：要么保留剩下的 50 股，要么再卖出 100 股成为卖空 50 股。经纪公司如何管理它们的库存，不管它们的头寸是净多头还是净空头，都是可以用来判断股市行情将如何变化的非常好的指标。

　　遗憾的是，碎股交易已经像渡渡鸟[⊖]一样绝迹了，和众多的曾经真正有效但早已不复存在的指标一样，现在只能作为一个例子，讲讲而已。

⊖　渡渡鸟（dodo），是仅产于印度洋毛里求斯岛的一种不会飞的鸟，因为人类的捕杀和人类活动影响，1681 年彻底灭绝。

第 13 章

市场板块指标

板块基金

如果你关注的是一个局部市场，你也应该关注这个局部市场相对于一个大的相关集合的表现，看一下它的相对强度如何，当然还有它的价格走势如何。因此，将个股与一组股票进行比较，将一组股票与一个板块（sector）进行比较，将一个板块与整个市场进行比较。看看相比之下，它是更强，还是更弱。

在这个分析过程中，市场板块起到了至关重要的作用。不过，因为板块分析是一个不断发展的领域，所以我们需要一些背景知识，以进一步理解板块是如何形成的，以及未来板块可能会如何划分。

最早的板块分析工作，是在 20 世纪 60 年代由肯·萨菲安和已故的肯·斯迈林进行的。此后，珀塞尔·格雷厄姆（Purcell Graham）进一步研究，并提出了**双重市场原则**（dual-market principle）的概念。他们最早将市场按不同板块进行分析时，把市场划分成两大板块——成长板块与周期板块。

他们发现成长板块与周期板块的表现存在巨大差异。因此，他们把股市划分成两个市场，分别进行跟踪，并成功预测了两个市场的走势。后来，标准普尔公司也将标普500指数划分成了9个板块，大体上一直沿用至今。

华尔街还创造了一些投资工具，使人们能对特定的市场板块进行投资。跟踪这些投资工具的动向，有时可以帮助我们更好地洞察市场。

20世纪80年代，富达公司推出了**板块基金**（sector fund）。有一段时间，这些基金的申购与赎回动向是最可靠的市场指标之一。

富达公司的板块基金是为活跃的交易员设计的，每小时更新一次报价，而不是每天一次。当时，富达公司板块基金的申购费是2%，赎回费是1%。一位早已退休的富达公司的基金经理说这些板块基金就是一个"大赌场"。

"我们发行了很多只板块基金，"他解释说，"所以，我们为客户提供了很多种游戏。他们进赌场的时候，我们收2%的费用；离开赌场的时候，我们再收1%。我们根本不在乎他们在赌场里怎么玩。"

因此，那些只是想暂时离开赌场的板块基金投资者，往往出于对申购和赎回费用的考虑，而选择把资金留在赌场内。为了满足他们的需要，富达公司又发行了一只货币市场精选基金，客户可以用他们留在赌场内的闲置资金申购该基金。

富达公司这些板块基金的资产规模非常庞大，曾一度达到200亿美元。这些板块基金的投资者非常多，他们之间兴趣和投资水平的差异也很大。他们未用于直接申购板块基金的闲置资金，一般都申购了货币市场精选基金。

每个交易日，富达公司都会公布各个板块基金的资产净值。因此，我可以计算出货币市场精选基金与整个板块基金的资金比例。这是一个绝佳的指标，可以观察到进取型公众投资者正在股市里做什么！

和这种类型的其他所有指标一样，它是一个反向指标。当市场处于高位时，现金余额非常低；当市场处于低位时，现金余额非常高。

很多年以来，它的效果都非常好——直到有一天它不再起作用。首先，美国证券交易委员会（SEC）不再允许收取赎回费，因此，当人们想短期离场时，不会再被迫留在板块基金里。其次，货币市场精选基金比富达公司的其他货币市场基金的回报略高，很快吸引了非板块基金投资者的巨额资金。在货币市场基金账户中，板块基金的资产比例已经从大约 3% 左右增加到了大约 8%，后来又大幅飙升到了 25%。

富达公司随后决定，每天为这些板块基金只提供一次报价，并限制客户的交易量，使它们与以往相比，能更好地发挥投资工具的作用。

最主要的是，进取型板块基金投资者转向了交易所交易基金（ETF），货币市场精选基金吸引了非板块基金交易者，而且每天的数据也停止了更新，所有这些因素导致该指标失去了作用。但是，在数据持续更新的那段时间里，这个指标提供的信息有着非常高的价值，并且，它对如何有效使用该类指标仍然具有指导意义。

在继续讨论之前，我应该说明一下，富达公司的 39 只板块基金还使我对市场形成了一些非常有价值的认识。就在他们第一次发行板块基金之后，迪恩·勒巴伦偶然间对我说："我想那里应该有些值得深挖的信息。"

他的意思是，富达公司的板块基金是主动管理型的投资组合，而不是我们之前一直分析的被动管理型股票组合。因此，我开始对标富达旗下的板块基金，进行相对强度分析。这意味着，我要把最看好的科技股，与富达板块基金最看好的能源股、金融股等进行比较，与对标被动管理型股票组合进行相对强度分析相比，这种方式确实获得了更好的结果。

　　幸运的是，在那之后，我找到了富达公司板块基金暂时离场资金/资产的替代指标。瑞德克斯基金开发了一批指数型基金，其中有些基金与指数走势一致，有些基金与指数走势相反，还有些基金的变动速度是指数的两倍。而且，瑞德克斯允许（甚至鼓励）投资者在这些每天提供两次报价的基金之间进行转换。每只瑞德克斯基金的资产净值，于每日午夜后更新一次。我每天很早起床，就可以获得前一晚的数据，从中，可以看出资金是否流入或流出与指数走势一致的看涨基金，以及资金是否流入或流出与指数走势相反的逆向基金。（如果标准普尔指数下跌1%，则标准普尔逆向基金上涨1%。）所以，如果你认为市场将下跌，你就会考虑买入逆向基金。逆向基金是一种并不需要实际卖空的做空方式。它是一种对你所持头寸进行对冲的方法，或者说，实际上你是在押注市场将会下跌。

　　这并不是名义上的赌注。你买入逆向基金实际就是在卖空标的证券。基金要么在标普期货合约之类的标的上卖空，要么进行掉期交易，但是它通常会通过衍生品卖空指数或成分股。这绝对不是名义上的赌注。如果瑞德克斯基金的投资者卖出3亿美元标普500指数基金，那么在市场上就会有3亿美元市值的标普500指数标的证券被以某种方式卖出。

　　不过，我想观察的是市场情绪，而不是瑞德克斯基金的交易会对市场带来什么影响。人们是在买入还是在卖出？他们认为股市下跌是买入的机会吗？还是他们感到恐慌，夺路而逃？如果他们以为这是一个买入机会，市场通常都会继续下跌，一直跌到他们恐慌不已。自从我通过美林公司的融资融券账户，帮助鲍勃·法雷尔对市场进行跟踪研究以来，一直都是如此。投资者倾向于在下跌行情初期买入，在后期卖出。

他们也倾向于在上涨行情初期小心翼翼，在后期狂热异常。记住，**这些交易都是用真金白银完成的**。我不是在查阅投资者对后市看法的调查报告，我是在监测市场上用实实在在的美元进行的实实在在的交易。和往常一样，我是在看他们的脚（怎么走），而不是他们的嘴（怎么说）。

我曾说过，瑞德克斯基金每天提供两次报价。不幸的是，ETF 出现了，而且提供连续报价。因此，渐渐地，它们把越来越多的资金从瑞德克斯基金吸引过去，瑞德克斯基金的交易开始被数量相对较少的市场择时交易者主导，再也无法反映大多数公众交易者的行为了。从市场分析的角度来看，监测某个小群体的投资行为并没有什么意义。因此，瑞德克斯基金所反映的投资行为，开始越来越不具有代表性了。渐渐地，跟踪它也就没有什么用了。

此外，和任何情绪指标一样，我希望对一组投资者（他们要么总是对的，要么总是错的）进行跟踪。真正重要的并不在于他们是谁，而在于他们的行为是一致的。但瑞德克斯基金的问题是，随着参与交易的群体越来越小，他们的业绩记录也变得越来越好。因此，它不再是一个前后一致的反向指标，反而成了一个时而错误、时而正确的指标。而作为一个管理巨额资产的投资者，你必须大部分时间都是正确的，所以你不会再使用这样的指标。后来，这个指标的反向部分也突然消失了。但是，在这个指标持续发挥作用的那段时间，它提供了很好的信息，而且，对于如何使用该类指标，它仍然具有指导意义。

当我不得不停止使用瑞德克斯基金数据的时候，我开始监测那些跟踪标普500指数和纳斯达克指数的ETF的资金流入和流出。有些ETF反映了指数本身的走势，并与指数的走势完全一致。有些ETF则与指数的运动方向相反。还有些ETF的运动方向与指数一致（或相反），但运动速度是指数的两倍。我对所有类型ETF的资金流进行了持续跟踪。

举个例子，比如说标普500指数ETF的资产是1亿美元，同时标普500指数又上涨了1%。这意味着，当晚该ETF的资产应该是1.01亿美元。如果大于这个数字，就表明有资金流入该ETF。如果小于这个数字，则表明有资金流出该ETF。因此，只要知道每只ETF每日的资产和涨跌百分比，就可以计算出每日流入或流出的资金量。

可问题在于，无论是主要的对冲基金还是普通的公众投资者，几乎所有人都在参与这些ETF的交易，所以当你监测到有大量资金涌入指数ETF时，你不可能分辨出这些资金究竟是聪明的资金，还是愚蠢的资金——究竟是最老练、最赚钱的对冲基金开始买入，还是公众投资者蜂拥而至。因此，我不再跟踪它们，因为我不能准确区分资金流的性质——到底预示着行情将要上涨，还是下跌。换句话说，我无法判断这些ETF的资金流，到底是确认指标还是反向指标。事实上，这两种性质兼而有之。

于是，我偏爱的三个情绪指标都没法用了。但是板块基金依然提供了许多很好的、值得关注的投资信息。

如何利用板块基金

过去，如果你对整个市场进行投资，你就可以借助那些跟踪标普500

指数的标的物进入或者退出市场。不过，如果借助板块基金，你的投资可以更精准。比方说，如果你认为除了金融类股票之外，市场中其他所有的股票看起来都不错，那么你可以买入除了金融板块之外的所有板块基金。这样，你持有的就是不包括金融板块的标普 500 指数。如果你认为值得投资的股票，只有周期性的材料板块（materials sector）和工业板块（industrials sector），你可以只买这两只板块 ETF。你也可以将你最看好的板块的权重提高到两倍，而把你最不看好的板块的权重降到低于平均水平。

虽然你可以很灵活地进行投资，但是，现在你需要通过对整个市场的 9 个板块进行分析，来支持你的投资决策。例如，在 20 世纪 80 年代的能源繁荣时期，能源板块（energy sector）表现很好，你必须分析能源板块，不过你也必须分析市场上的其他板块。在 1999 年和 2000 年初，科技板块是投资热点，可能你会忽略市场上其他的 8 个板块，只跟踪科技板块（technology sector）。然而，随后科技板块进入熊市，而市场上的其他板块却表现很好。随后，你不仅要分析科技板块，还要分析市场上的其他板块。

当我对市场做出判断，说"大市看多"的时候，我是在试图预测标普 500 指数的走势。投资机构通常会用标普 500 指数作为业绩基准。但是，如果标普 500 指数涨 5%，并不意味着金融板块一定会涨 5%，或者科技股一定会涨 5%，或者能源股一定会涨 5%。因此，投资决策的下一步，是确定哪个板块可能表现得比较好，而哪些板块则（风险偏高）可能会表现得比较差。过去，所有股票通常都会同步运动，对于整个市场的走向，你完全可以采用单一的判断。如果市场上涨，几乎所有股票都会上涨。不过，如今板块之间的差异非常大，以至于单一的判断已经无法对市场走向做出准确描述。

现在的 9 个主要板块是：

（1）可选消费（Consumer discretionary）。

（2）主要消费（Consumer staples）。

（3）能源（Energy）。

（4）金融（Financials）。

（5）医疗卫生（Health care）。

（6）工业（Industrials）。

（7）材料（Materials）。

（8）科技（Technology）。

（9）公用事业（Utilities）。

先行指标

一般来说，板块会按某种模式进行轮动。传统上，金融板块是市场上第一个上涨或下跌的板块，而能源板块则是最后一个。

有些板块比其他板块波动性更大。传统上，材料板块，比如金属、木材等，比其他板块波动性更大。但是，1999 年，科技股领涨时，上涨速度比其他任何板块都快。而在过去十年中，科技股不再领涨，它的上涨速度也就没有以前那么快了。

传统上，那些面向消费者的板块（可选消费和主要消费）波动性一般都比较小。

金融板块的角色转变

虽然现在说起来令人难以置信，但在 20 世纪 60 年代和 70 年代，金融股（financial stock）并不是股票市场的主角。当时，几乎所有金融股都是通过柜台进行交易。在纳斯达克市场出现之前，采用柜台交易（OTC）的股票，一般都由做市商充当交易对手。做市商提供买价和卖价，而卖价一般是以买价为基础上浮一定的价差。多数情况下，价差都高于 7%。（我查阅了 1962 年《华尔街日报》银行家信托的报价：买价报 51.5 美元，卖价报 56 美元！）这一点也不奇怪，当时 OTC 市场并不像纳斯达克市场出现之后那么活跃。而且，当时银行仅仅是作为银行进行经营——非常保守，因此根本就没有什么波动性。除了那些寻求稳定和保守的股息收益的投资者之外，大家都认为银行股走势太沉闷，对银行股投资没什么兴趣。和那些波动性比较大的股票比起来，大家认为银行股更像公用事业股。

直到银行家们学会了使用杠杆、股票期权和奖金之后，银行股的波动性才开始变得越来越大。

此外，20 世纪 60 年代还没有出现上市交易的券商股（brokerage stock）。1970 年上市交易的唐纳森－勒夫金－詹雷特（Donaldson, Lufkin & Jenrette）是第一只券商股，不久之后，美林也上市交易了。但在此之前，根本就没有上市交易的券商股。而且，直到 20 世纪 70 年代，也仅有那么几只而已。

然而，最终金融股成了标普 500 指数中权重最高的一个板块。

但是，问题恰恰就出在这里。金融公司并没有创造任何东西，没有任何产品。如果你创造了一堆抵押贷款，把它们切成条，再切成小块，然后重新打包再卖掉，那么你并没有真正满足经济的需要。你并没有创造工作，或者是任何东西。因此，在金融领域发生的许多事情，顶多是金融工程而已，它并没有真正为网络经济增添任何东西。

偶尔，为了让自己相信美国还在制造产品，我会去佐治亚州的福克斯顿看看。在那儿，从东海岸开来的 CSX 列车的轨道和从中西部开来的列车的轨道，在绕行奥克弗诺基沼泽时汇合在一起，长达 32 千米。这个地方就是铁道迷们熟知的"福克斯顿漏斗"（Folkston Funnel）。每天有 60 ～ 70 列货运列车从这里经过。我到那儿就是去看这些列车。我发现，美国仍在制造一些真正的产品，这让人耳目一新。我能看到来自实体经济的各种各样的东西——化学品运输车、原材料运输车、汽车运输车和卡车拖车，等等。

但是，金融公司的产品只是切条和切块。某公司与某公司合并——并不能解决什么问题，真的没有解决什么问题。这一切的后果，就是他们解雇了一群人。他们口口声声说提高了效率，但真的提高了吗？

事实上，按照目前的趋势，未来几年，金融板块很可能失去它在标普 500 指数中的重要地位。

滞后指标

传统上，能源和能源加工企业股票的走势落后于整个市场。尽管业界已经意识到存在着诸多风险，比如海湾石油泄漏和水力压裂法的采用等，情况也并未改变。但是，在这个板块里，石油建筑和勘探类股票的投机性更强，波动性也更大，领先那些较为保守的能源股。

如果其他条件都相同，那么，在牛市开始时，你会希望超配金融股，在牛市结束时，你会希望超配能源股。

房地产股

过去，大多数建筑公司都是私营的。但是，那时几乎没有什么房地产股（housing stock）能成为市场上的大玩家。比如，现在你可以持有莱纳尔（Lennars）和霍夫纳尼安（Hovnanians），但是，在几十年前根本就没有这样的公司。

现在，由于住宅建设几乎已缩减到零，房地产板块也已逐渐淡出人们的视野。房屋开发商不再建造大量住宅。那些在过去几年为住宅建设和住宅产业提供融资的人，目前的处境并不好。房地产股票的价格已经下跌，房地产板块在整个市场所占的权重也已经明显下降。

为了参与商业开发，大多数机构投资者都倾向于买入材料类的股票，比如木材、混凝土，还有铜，而不是买入开发商类的股票。

周期股

周期性板块（cyclical sector）是与经济同步增长的板块。最典型的两个周期性板块是工业板块和材料板块。如果你认为经济将步入繁荣阶段，你就会希望持有工业股和材料股。如果你认为经济将要回落，你就会将工业板块和材料板块视为瘟疫，避之唯恐不及。

防御性股票

以消费者为导向的股票——尤其是主要消费品类的股票——还有公用

事业股，通常认为具有逆周期的特性，因此是典型的防御性板块。(当你既想规避掉股市和经济中发生的不利事件的影响，但又想投资的时候，你会选择那些受经济波动影响小的领域中相对安全的股票和公司，它们被称为**防御性板块**（defensive sector）。)

公用事业股曾被认为是非常安全的选择。在熊市里，虽然它们也会下跌，但跌幅要小于整个市场。因此，它们会在熊市里表现出一定的相对强度。然而，最近的环境问题、与监管机构的协调难度，以及其他的各种问题，使许多公用事业股（比如安然（Enron））比以前表现出更强的投机性。现在，主要消费（即食品、零售、个人用品等）被认为与公用事业板块具有同等的防御性——甚或更具防御性。

与以前相比，贵金属的表现也有所不同，尤其是黄金。过去，黄金在股市里表现出了一定的逆周期性，但无论从过去还是现在的表现来看，它都不能被称为真正的逆周期板块（countercyclical sector）。(还有一个不容忽视的问题，就是黄金股与金价的涨跌并非总是同步。)

子板块

经纪公司会发售他们希望公众投资者购买的任何东西。通常会是基金或者ETF，这些基金或者ETF，大多会以跟某个板块相关的某些标准为基础，或者是某个二级子板块或三级子板块，或者是某个板块内的最佳标的。但是，请记住，**一旦你投资某个子板块，你就失去了投资的多样性，而且，一个划分得非常细的子板块几乎总是会以与个股相同的波动性向上（向下）运动。**

第 14 章

货 币 指 标

债券市场

普遍认为，债券市场（bond market）是股票市场的先行指标。但是，有时候债券市场和股票市场几乎同步运行，因此债券市场并非总是先行指标。而且，有时候债券市场也会与股票市场背道而驰。

2009 年，当股市上涨的时候，债券市场一直下跌。事后看来，这并没有给股市造成负面影响，因为只是债券市场在下跌。因此，有时债券市场会引领股票市场，有时债券市场不会引领股票市场。同样是利率高、利率不断上涨，有时意味着看涨，有时则意味着看跌。不幸的是，我们并不总是能知道什么时候该看涨，什么时候该看跌。

作为指标的美联储："别跟美联储作对"

对于利率来说，唯一值得信赖的是：当美联储开始收紧货币政策的时候，熊市最终会随之而来，但熊市到来的时机不确定，有时候可能很快就开始了，有时候则需要等上几年的时间。因此，美联储第一次加息，未必是撤离股市的信号，因为有时候美联储可能在股市做出反应之前多次加息。

"别跟美联储作对"，意味着，当美联储试图通过提高利率抑制经济扩张的时候，不要过于乐观，迟早，美联储会达到它的目的。

当美联储降低利率的时候，也就是放松货币政策的时候，牛市几乎总会随之而来。但是，这个信号的领先时间究竟有多长，也非常不规律。有时，市场预期美联储的货币政策会出现缓和，甚至在利率降低之前就会上涨；而其他时候，经济形势和通胀问题积重难返，致使美联储采取多项措施之后，市场才做出反应。

美联储紧缩政策的经典规则是埃德森·古尔德的**三步一跌法则**（three steps and stumble rule），即美联储需要采取三次紧缩措施，才能打压牛市。反过来，则是**两步一跳法则**（two tumbles and a jump rule），即在市场做出反应之前，美联储必须采取两次宽松措施。

在每个人都成为美联储观察员之前，这些规则运作得很好，现在，它们不再那么准确，因为有太多投资者试图进行预测。不过，我们需要了解的基本规律是：一般来说，美联储的宽松政策对股市来说是看涨信号，而紧缩政策则是看跌信号。

投资者必须关注美联储。从根本上讲，股市上涨是因为资金流入。

如果美联储收紧货币政策，限制资金流入市场，那么股市最终必将停止上涨。

经济和货币指标

斯坦·博格是一位备受尊敬的机构市场分析师，曾在罗得岛州的普罗维登斯市为塔克·安东尼和 RL 戴公司工作。是他第一个教会我，可以将经济指标和货币指标跟技术指标结合起来，对股市进行预测。虽然大多数经济指标在预测股票市场的时候没有什么用（请记住，**股票市场本身就是一个主要经济指标**），但也有一些经济指标是有用的，比如一致性 / 滞后性经济指标的比率。同时，有些货币指标也会先于股市发出信号。

最重要的货币指标，可能就是货币供给量的变化比率。货币供给量只是经济运行过程中某一特定时点的可用货币总量，通常会通过将流通货币（人们口袋中的美元）和某类银行存款（比如支票账户中的货币）相加进行衡量。当然，货币是股票价格背后的驱动因素（用《歌厅》（*Cabaret*）的歌词来解释的话，就是"钱，钱，是钱推着市场转"），所以扩张型的货币供给政策对股市而言意味着看涨，而非扩张型的货币供给政策则不然。有很多方法可以对货币因素进行跟踪。如果你想对此进行深入研究，可以参阅我在附录中提供的建议。

第 15 章

反向指标与情绪指标

　　情绪指标（sentiment indicator）衡量投资者的群体行为。（不要看他们怎么说，而要看他们怎么做。毕竟，如果只是嘴上说说，根本不用付出什么代价。我总是——**总是**——关注他们如何做，而不是如何说。）既然大部分投资者都是趋势跟随者，当大家都变成多头的时候，大多数情绪指标反而会转为空头。而此时，媒体是看多的，所有与你交谈的人也都是看多的。然后在底部，绝大多数投资者都是看空的。每个人都感到恐慌，成天提心吊胆，看起来好像世界末日即将来临。不过，这却使大多数情绪指标转为多头。但是，只有在你经历过这些之后，你才有勇气，在别人买入的时候卖出，在别人卖出的时候买入。

　　你可以使用各种各样的指标衡量市场情绪。然而，不幸的是，你能预知的仅仅是熊市特征在底部表现得最明显，却无法知道熊市到底会熊到什么程度。

2008 年末和 2009 年初，股票市场和金融系统发生了一些前所未见的事情，我们也在有生之年经历了一轮前所未见的大熊市。2008 年 3 月贝尔斯登（Bear Stearns）破产，9 月雷曼兄弟（Lehman Brothers）破产。因此，政府不得不出手拯救金融系统。关于这场金融危机，大家可以找到许多非常详尽的报道。这些报道足以表明，当时金融系统的情形非常危急，濒临停摆。这种极端情形，把许多情绪指标都推到了极值。

无论是在牛市，还是在熊市，伯纳德·巴鲁克关于大萧条的那句名言都一样适用。套用他的话来说："如果在互联网繁荣之初，人们能够告诫自己 '2+2 仍然等于 4'，情况就会有所不同。而在令人极度绝望的时期，比如我们所经历的 2008 年的 10 月，以及 2009 年的 3 月，当人们问道："情况会好转吗？"答案是："它们总会好起来的。""

所以，一个好的反向指标会将你从当前的趋势之中拉出来，并在趋势反转之前发出信号。

逆向投资的危险在于，你会过早采取行动。

鲍勃·法雷尔和约翰·本内特都是伟大的逆向投资者。我曾在 20 世纪 60 年代为鲍勃·法雷尔工作，在 70 年代为约翰·本内特工作。在为他们进行逆向分析的过程中，我学到了很多知识。这些知识让我受益匪浅。我的客户主要是大型机构投资者，从实际操作的角度来讲，如果他们想买到足够数量的股票，就必须在市场弱势的时候买入。同样，他们也必须在市场足够强势的时候卖出，因为他们需要卖出的头寸非常庞大。所以，我的工作就是告诉他们，在市场由弱转强之前买入，由强转弱之前卖出。但是，在明显的股市泡沫期间，这种做法的效果并不理想。在网络股泡沫期间，那些优秀的基金经理都知道，这轮飙升不过是一场泡沫，他们中的大多数都离场了——但事后看来，离场的时间过早。后来，他们告诉我，他们非常惊讶于这场泡沫居然能持续如此之久。

预测趋势逆转所要承担的风险，比看到趋势已经逆转但还是壮着胆子入场所承担的风险更高。这也是个人投资者要比机构投资者更有优势的地方之一。

· 银行的信托部门 ·

我在美林工作的时候，每天都会收到前一交易日美林公司客户净买卖情况的报表。报表分为几类，比如现金账户类（一般公众投资者的成交汇总）、保证金账户类（进取型交易者的成交汇总）、空头开仓和平仓汇总，以及机构投资者的成交汇总。而机构投资者的成交汇总又细分为9个子类。在那段时间，我为鲍勃·法雷尔绘制了全部9个子类的成交汇总图表——当然，都是手工绘制的。像任何优秀的股票分析师一样，我们在寻找两类人：总是对的人和总是错的人。只要他们的交易行为是一致的，他们是谁并不重要。

只有两类机构投资者基本上一直正确：一类是公司法人，不论其买卖的是自己公司的股票，还是其他公司的股票；另一类是银行的自营账户。

然而，大多数机构通常会在错误的时间做一些错误的事情，但是其交易行为的一致性不高，无法为我们提供帮助。不过，有一类机构显然属于特例。

到目前为止，我见过的最糟糕的投资者就是银行的信托部门。那是 1964 ～ 1965 年的事儿。从那以后，我根本看不到任何能让我觉得银行的信托部门在市场择时交易方面有所改善的迹象。其投资决策需要经过委员会的审核，再转到银行的信托人员，然后才能执行，此时已经太迟了。此时，已是需要做下一个投资决策的时候。

这是最糟糕的群策群议的一个例子。（另一个例子是养老基金的投资顾问，他们在做出下一个决定之前，从来不会执行自己已经做出的决定。不过，这个例子以后有机会再讲吧。）

不过，请允许我再补充一点：

好的指标在个人投资者手上可以充分发挥作用。如果他的指标发出交易信号，他可以立即拿起电话或笔记本电脑进行交易。他的交易不会对市场产生冲击。他的决定不需要上什么晨会，也不需要得到什么委员会批准。如果他的决定错了，也不会影响工作。一旦发现自己错了，他就可以马上卖掉。这是专业基金经理们奢望拥有的真正优势。

第六部分

DEEMER ON TECHNICAL ANALYSIS

投 资 基 础

第 16 章

选　　股

如果你正在关注一个局部市场，比如某只个股或某个板块，在观察它的价格走势的同时，你也应该关注这个局部市场相对于一个大的相关群体的表现，也就是所谓的**相对强度**。

因此，应将个股与板块进行比较，将板块与指数进行比较，将指数与范围更广的整个市场进行比较。看看相比之下，它是更强，还是更弱。

要选龙头。新一轮牛市的龙头通常在熊市结束前就通过相对强度表明了它在后续行情中的做多意图。行情中继调整后再次上涨时的龙头也是如此。

如果你持有的股票，在指数已经涨了 50% 的时候盘底，肯定不如在指数一年跌了 50% 的时候盘底，更容易引起市场的关注。

在前一种情况下，市场已经涨了 50%，而你的股票才刚刚见底，它的表现远远落后于整个市场。市场涨了 50%，你的股票却没涨，这里面肯定有什么原因。通常，这个原因就是不买它（而不是买它）的原因。事实上，落后于大盘的股票，可能它的风险和回报一样高。因为落后于大盘的股票，常常会出现假动作。如果一只股票在大盘涨了很久之后才开始上涨，通常都是有原因的。而且，一般来说，当它开始跟着整个市场上涨的时候，它的风险（不跟市场一起上涨的风险）要比先于市场见底的股票大得多。

然而，在后一种情况下，如果股票在市场已经跌了 50% 的时候筑底，它就是在与下跌趋势抗衡。当市场还在下跌的时候，它正试图筑底。当市场最终停止下跌的时候，像往常一样，这只股票会处于一个非常有利的价位，可以引领下一轮上涨。所以，在同样精确的图表形态之外，你现在可以看到一个非常有意思、潜力巨大的图表形态。

在市场上，龙头比凤尾（落后股）更有投资价值。

未来的龙头

约翰·哈默斯劳在希尔兹公司和考夫曼·阿尔斯伯格工作的时候，我和他共事过很长一段时间。他在如何确认新一轮牛市中的龙头股方面研究得非常深入，他的规则非常简单：**买入最先创历史新高的股票**。这条规则确实很有效——原因如下：

假如市场已经跌了很长一段时间，然后重新开始上涨，这时，任何一只很快就能创历史新高的股票，必须具备两个非常有利的条件：①它在之前的下跌过程中非常抗跌，因为只有距前期历史最高点的价差足够小，它才能很快创新高；②它有足够的力量突破前期历史最高点。这意味着，它在之前的熊市和新一轮牛市开始的时候，都有足够的相对强度。因此，任何一只在牛市初期创历史新高的股票，都表现出了远高于平均水平的长期相对强度——任何一只这样的股票，都可能在整个牛市期间领涨。

所以，在新一轮牛市开始之初，你需要做的就是买入创历史新高的股票。幸亏有互联网，现在你很容易就能选出这种股票。有些网站，如barchart.com 就提供每天创历史新高的股票列表。

当然，在新一轮牛市开始的时候，通常这样的股票并不多。因为股价要想创历史新高，就必须以过去 52 周的最高价进行交易。不过，如果牛市刚刚开始，大多数股票的价格都会远远低于过去 52 周的最高价，所以一般来说，你需要研究的股票列表当中不会有太多股票。

约翰·哈默斯劳所做的，就是简单地将长期相对强度的概念浓缩成一个简单易行的方法。行情中继调整后再次上涨时，这种方法也非常有效。

全部买入

如果你对个股进行投资，那么你就必须做到多样化！多样化！多样化！

记住彼得·林奇的话："**如果我找到 10 只喜欢的股票，我不知道哪一只会表现最好，所以我就把这 10 只股票全买进来。**"彼得·林奇是一个传奇，在 1977 ～ 1990 年，他是富达公司麦哲伦基金的基金经理。

技术投资在多样化投资组合中效果最佳。不仅风险较小，而且投资者从他所做的决策中吸取了最好的教训。

任何一只股票，不论它的技术形态多么完美（可能你也做了基本面分析），都会受到意外因素的影响——哎呀！好端端的公司，突然就风光不再了！

可能公司的技术天才突然离世；可能联邦调查局突然以涉嫌欺诈的名义对公司展开调查；可能很多竞争对手突然以一半的价格推出了更好的新产品；可能公司的技术突然过时；也可能突然有报告声称公司的产品会导致大脑损伤。

是的，现在公司经营正常。可是，却风光不再。

海外投资

很多人都在谈论投资于那些有海外投资的公司的种种好处，他们的理论是，虽然美国的经济可能低迷不振，但新兴市场的经济可能会好转。可是，进行海外投资的美国公司，未必会从多元化经营当中受益。

事实上，很难说目前还有谁能从什么地方赚到钱。

海外投资的困境，部分归因于汇率变动。如果你认为，有海外投资的公司与没有海外投资的公司相比是更好的投资标的，那么你的观点已经暗含了对美元走势的预测。而众所周知，美元是很难预测的。（有个老笑话："地球上只有两个人能确定美元会怎么走——可我不知道该信他们中的哪一个。"）

有些全球性的交易所交易基金（ETF），也为投资者提供了直接的海外投资。但是你必须预测货币和海外市场，才能做出明智的投资决策。

没有什么股票等同于现金

许多专业基金经理希望能在股票上采取防御性策略，买入他们认为等同于现金的股票。AT&T 和公用事业股曾被看作是现金等价物。如今，许多公用事业股仍然是现金等价物，但并不是所有的公用事业股都是现金等价物。涉及核污染问题，以及信用评级不佳的公用事业股，都需要剔除。而且，正如第 13 章提到的，现在，主要消费已经成为一个备受欢迎的现金等价物板块，被归为等同于公用事业类。

因为这类股票的回报可以预期，投资者可以通过相对稳定的价格和持续的分红获得投资收益，所以过去它被称为**孤寡股**。风险厌恶型投资者比较青睐这类股票。

因此，专业投资者会在市场下跌过程中采取缓冲措施，买入防御性股票。但事实证明，现在，孤寡股一般也会跟市场上的其他板块同步下跌——也许不会跌得那么多，但它们也会下跌。它们并不等同于现金。

这是个人投资者与大型投资机构基金经理相比拥有巨大优势的另一个领域。当我查看机构账户并建议他们采取防御措施时，通常他们会说已经采取了防御措施，因为他们持有 20% 的现金等价物股票。然后，我不得不告诉他们，他们的做法根本就不具备防御性，只是在自欺欺人——他们 80% 的投资组合将跟着市场一起下跌，而另外 20% 的投资组合，也将和市场一起下跌，只不过跌得少一些罢了。

个人投资者可以立即采取彻底的防御性措施，等风暴过后，再迅速重返市场。这是专业基金经理们非常希望拥有，但无法拥有的奢侈品。

不要关注场外市场的股票

我不关注场外市场（bulletin board）的股票，主要原因是，在我的客户当中，根本没有人会买这种股票，因为如果你买了 1 000 万股 2 美分的股票，你实际上并没有把钱投到该投的地方。而且，场外市场的股票往往投机性非常强。作为一名分析师，我需要关注那种有很多人参与的交易，这样我就可以分析大众心理，而大众心理会影响供求关系，进而影响股价。尽管场外市场的许多股票交易量很大，但在这些股票的交易中，参与者非常集中，往往只有极少的几个。

场外市场的股票就是华尔街的"西部荒野"，狂野之极。严谨的长期投资者应该删除相关的电子邮件，屏蔽掉直邮推销广告——别读，也别点开。

第 17 章

警 示 指 标

落后于大盘的股票

公司不可能永远存在。如果你交易个股，那请记住，**并不是所有表现不佳的股票都能涨回来；在预测未来价格区间的时候，以往的价格区间不一定是个好指标。**

牛市中的领涨股或者熊市中的抗跌股，通常都能活下来。

然而，当市场走出熊市时，那些明显落后于大盘的股票，可能会存在一些问题，而且大多数投资者都搞不清楚究竟是什么问题。

有一个很好的规则需要记住：**那些股价上涨的公司，并不是停业的公司。**（或者，就像我常说的，**处于上涨趋势中的股票是没有破产过的！**）

别忽视第二张传票

20世纪60年代末，蔡氏管理公司（Tsai Management）的基金经理们青睐的股票中，有一只博彩概念股，叫帕尔文-多尔曼（Parvin-Dohrmann, PRV）。博彩概念股炒作背后的逻辑，是霍华德·休斯（Howard Hughes）刚在拉斯维加斯开了赌场。由于他采用了公开记账模式，这就意味着，其他赌场也将被迫采用这种模式，就没有办法再瞒报盈利了。要知道，赌场为了逃税而瞒报盈利的行为，在当时司空见惯。反之这也意味着，拉斯维加斯博彩概念股的每股收益会提高。

帕尔文-多尔曼的盘口很浅，实际已经被三四名基金经理完全控盘。有一天，一位给该股写过报告的分析师接到一张传票，美国证券交易委员会（SEC）正对该股的交易展开调查。几个月后，他又接到另一张传票。就在那时，这只股票快速上涨的行情见顶了，随即崩盘，跌到了上涨之前的位置。这就是我现在非常有名的一个卖出信号的由来。这个信号是：当他们接到第二张传票（the second subpoena）的时候，卖掉！

也许，这听起来会让人觉得有点儿滑稽，但其实一点儿都不滑稽。如果有什么地方冒起了浓烟，通常都是发生火灾了。接到一张传票可能是随机事件，但如果一个监管机构发出多张传票，通常就意味着肯定有问题了。

最好卖掉它，让调查继续进行。这时候，千万别做它的股东。

实际上，这就是所谓的**法律风险**（legal risk）——公司违反了某些法规，甚至试图隐瞒，这将对公司未来的业绩造成影响。

由于监管规则要求信息披露必须充分，所以接到传票就不得不发出公告。股东们就会知道它已经收到传票，正在接受调查。

如果只是一次调查，那多多少少可能是例行公事。但如果又收到第二张传票，事态就开始恶化了。通常，每家公司都会有一些猫腻。一旦监管当局发出第二张传票，他们就将对此进行处罚。不管猫腻藏在哪儿，他们都会翻出来。

小心震仓

有一个概念，叫震仓（shake-out）。震仓，通常出现在底部附近，在这个位置，小投资者对反复无常和日益走低的市场变得极度厌恶，他们会卖掉手中的股票，直到确信市场"恢复"（recovered）之前，他们不会再进场。（他们所说的"恢复"，是指市场已经大幅上涨）。

告诉大家不要在底部卖出很容易，但要想真正拿住不卖却非常困难。此时，市场高度情绪化。不成熟的投资者会觉得世界末日近在眼前。虽然他们应该记住，凡是关于世界末日的预言，大多都是假的，但是，如果他们的投资组合不是多样化的，并且波动性很高，世界末日可能就真的要来了。

是的，市场总会从底部涨上来，但还有一个问题：有时，在收复失地之前，市场会跌得更深。到了那个时候，如果你没有弹药，也就是说，在下一次上涨之前，你的手上已经没有可以自由支配用于投资的资金了，你该怎么办？

即便是非常老练的机构投资者，此时也难以抉择。这仅仅是野兽的本性而已。记住，**可能世界上最聪明的人都聚集在华尔街，但这并不意味着他们愿意看到市场衰退，也不意味着他们能找到答案，解释清楚为什么会**

这样，以及如何避免。他们知道，过度交易（即投机）可能会导致市场过度动荡。

处理震仓，最好的办法就是在之前的顶部处理好持仓，以便为下一波行情准备好弹药。除此之外，在底部令人极度痛苦的震仓过程中，投资者只能试着努力保持情绪上的独立。

· 小心电脑飞上天 ·

我在帕特南的办公室——市场分析部，紧挨着肯·帕什（Ken Pash）的办公室。他负责管理帕特南的股票型基金，这是帕特南最具进取性的基金之一。

1970年，市场已经跌了一年了，在那段日子里，进取成长型基金（aggressive growth fund）一直都很艰难。一天，我突然听到隔壁传来一阵奇怪的声音。当时每位基金经理的办公桌上都摆着一台科特龙终端（Quotron）。我走过去，想看看发生了什么事。我发现，原来是肯对那天在科特龙上看到的报价觉得非常厌倦和烦躁，于是猛地就把它扔到了废纸篓里。

那就是一个先兆，意味着我们离底部已经非常近了。所以，当投资者厌恶地把电脑从窗户扔出去的时候，那就是一个好兆头。通常，它表明我们已经接近底部了。

第 18 章

不确定因素

解决金融过度扩张的遗留问题：金融危机的余波

2008 年和 2009 年爆发于美国的金融危机是一个**不确定因素**（wild card，变卡，变数），是藏在衣柜里的一具骷髅（见不得光的秘密），不大可能悄无声息就结束。这场危机，使我们目前的投资环境变得比我们过去习惯的要恶劣得多。

基本上，我们目前正在解决过去几十年来积累下的金融过度扩张的遗留问题。去杠杆的过程不会在几个月之内就完成，这需要很多年，而且，去杠杆的影响很有可能是广泛的、不可预见的。我们的银行和金融系统仍然非常紧张。长期以来，金融股表现欠佳，而且我怀疑它们今后仍会继续表现欠佳。市场之所以波动非常大，部分原因是持续的不确定性。

金融危机还未结束——而且，可能会变得更糟。

信贷紧缩、通货膨胀（或通货紧缩）、市政债务问题，或者海外的金融问题和经济问题，都可能对它产生影响，或延长它的持续时间。

长期信贷紧缩：日本模式[⊖]

从第二次世界大战到 2007 年，美国一直处于信贷扩张的环境中。而现在，我们则正处于信贷紧缩的环境中。相比之下，我们目前的环境，与 20 世纪 30 年代更相似，而非 20 世纪 70 年代。作为分析师，我们面临的问题是，在过去 80 年中，发生了很多结构性的变化，以至于我们很难拿当下的环境与 20 世纪 30 年代直接进行比较。

不过，有一个"现代"经济体的模式与我们类似——就是 1990 年以来的日本。

和我们一样，日本的经济衰退也伴随着泡沫——主要是金融和房地产泡沫。日本市场于 1989 年见顶。

此后，日本经历了长达十年的经济衰退（recession），然后又经历了"失去的十年"（lost decade），从根本上说，当时的经济停滞不前。

20 世纪 90 年代，日本股市出现过三次大的上涨行情，涨幅均超过 50%。然而，在这三次上涨之后，日本股市又跌回了原点。从那时开始，直到最近，日本市场一直都很低迷。这就是"失去的十年"。

现在，我们的股市可能处于类似的位置——这意味着，在很长一段时间内，股票的投资回报率可能会低于正常水平。

日本也曾试图用我们现在正尝试的几种方法（刺激消费、降低利率

⊖ 本节部分内容曾发表于《康科德箴言报》（*Concord Monitor*），此处略有删改。

等），解决它的市场问题。

然而，在信贷紧缩的环境下，最好的办法就是认识到经济确实会或多或少出现正常波动，然后靠经济规律自身去解决这些问题。但是放任经济自由发展在政治上不受欢迎。因此政治势力试图对经济施以援手，而这样做的最终结果通常只会使经济不景气的程度进一步加剧。

我们政府应该吸取的主要教训是，刺激消费并不会增加市场上的信贷。在几年前，任何人都能申请到贷款。但现在，又回到了"我们只把钱借给不需要的人"的状态。经济当中没有那么多信贷，也就是说，没有那么多信贷支持经济发展，这就是自然而然的信贷紧缩。这个过程会一直进行下去，直到它走完自身的进程为止。人为刺激只能使这个进程略微放缓而已。

通货膨胀、恶性通货膨胀和通货紧缩

世界上每一种货币都会随时间推移而贬值，包括美元。罗恩·保罗（Ron Paul）一直在讲，自从 1913 年美联储成立以来，美元已经丧失了 98% 的购买力。美联储的政策就是保持缓慢但稳定的通货膨胀率——每年 2%。这意味着，到明年这个时候，美联储希望看到你的美元购买力只有今天的 98%。

要想知道这意味着什么，你只需在计算器上用 1 美元连续乘以 98%，就可以算出未来每一年的美元购买力：98%，然后是 96%，再然后是 94%，等等。如果美联储继续沿用之前的政策，20 年后，你的 1 美元大概只值 67 美分。政府制定的政策就是让每 1 美元的价值越来越低。政府希望你现在就花掉它，而不是留到以后。因为，当你在以后花掉它的时候，它就不值 1 美元了。

这对退休计划有什么影响？我们来看一下。如果你认为，现在你就退休的话，你每年需要 50 000 美元，那么 25 年后你需要多少？拿一个计算器，输入 50 000 美元，然后输入 1.02，然后再连续按 25 次乘法和等号键。（结果是 82 030 美元。）换言之，如果从现在开始通货膨胀率"**仅仅**"维持在 2% 的水平，那么今天你手中的 1 美元，到 25 年后，将只值 60 美分。

美联储想维持稳定的每年 2% 的通货膨胀率。但是，美联储无法控制通货膨胀率。还有两个外部因素也会影响货币的价值：通货紧缩（deflation）和恶性通货膨胀（hyperinflation）——此刻，它们正在互相搏斗。重要的是，它们到底谁会赢？

恶性通货膨胀的力量，就是华盛顿为了解决我们的经济问题而发行的货币的数量。

大家都听说过 20 世纪 20 年代在德国发生的事情。大家也都在想，这样的事情是否也会发生在美国。每个人都会说不。但是，政府正在印钞票。如果政府一直印钞票，物价可能就会开始疯涨，然后失控，引发恶性通货膨胀。一旦发生恶性通货膨胀，就极难遏制。在 20 世纪七八十年代，我们都经历过两位数的通货膨胀率和两位数的利率。——甚至，就在最近，津巴布韦也出现了这种局面。

我有一张面值 100 万亿的津巴布韦钞票，看起来很有意思，但也很悲惨（见图 18-1）。

通货紧缩的力量，是由我们在解除债务时所经历的去杠杆进程造成的。这就是日本的情形。

图 18-1　面值 100 万亿的津巴布韦钞票

危险在于，正如日本在过去 20 年发现的，一旦通货紧缩失控，局面就很难扭转。没有人愿意消费，所以价格进一步下跌。一旦价格开始下跌，每个人都想等一段时间再消费，因为将来一切都会变得更便宜。

不过，从短期来看，我认为还有一个问题没有在公众当中激起足够的愤慨，那就是当前的货币政策对小储户的影响。每年 2% 的目标通胀率，再加上美联储把短期利率降得很低，这对我们经济当中最弱势的群体（小储户和退休人员）造成了非常严重的影响。当小储户和退休人员的收入增长低于 2%，而政府又想要实现 2% 的通货膨胀率，就相当于在对他们征收额外的递减税（regressive tax）。

坦率地说，小储户和退休人员正被美联储压榨。

市政债务、市政债券，以及市政机构的破产威胁

市政债务（municipal debt）、市政债券（municipal bond），以及市政机构的破产（municipal bankruptcy）威胁，应被视为相互独立但又相互关联

的问题。

现在，人们倾向于认为加利福尼亚州和伊利诺伊州的问题只是冰山一角，其他各州也都存在同样的问题。但是，这样的观点错得有些离谱。各州的市政机构不一样，发行的市政债券也不同。

现在，有些市政债券的价值非常高。

市政债券可以是收益债券（revenue bond）、建筑债券（construction bond），可以是各种各样的东西——这完全取决于用什么做担保，以及担保机构的现金流状况。特定项目债券（非一般义务债券）会是一项很好的投资，这取决于发行人初始假设的保守程度，以及项目计划的可行性。市场上有些非常好的债券，价格越来越便宜。

其他的市政债券风险相当高。通常，它们属于一般义务债券（general obligation bond）。

一般义务债券往往会依托于在比较有利的环境下做出的税收预测。如果市政当局预测税收不仅会保持在当时的高位，而且还会进一步增加，则更是如此。但是，许多地方的税收都下降了。由于房产贬值，房产税已经下降了。由于收入降低，所得税收入也已经下降了。由于购物者停止消费，销售税也已经下降了。当然，暴躁的选民还在极力抵制市政当局提高税率的种种努力。

风险最大的债券是由那些不断提高债务上限的税收当局发行的债券。这些债券的规模，已经触及了安全、保守发行的上限，可是当局还在发行更多的债券。其中许多债券，随时都可能出问题。

所以，既有一些非常好的市政债券，也有一些非常差的市政债券。

不幸的是，市政债券非常难以从基本面进行分析，而且你也无法从技术上进行分析，因为它们的交易量不足以生成有意义的数据。当你想卖的时候，经纪人会为你提供报价，创建市场，不过，那时他想报什么价就报什么价。所以，虽然你想试着绘制一张价格走势图，但最终你只能得到一张乱七八糟地布满斑点的图表。

简单地说，要想购买市政债券，你必须成为一名基本面分析师——而且是一名非常出色的基本面分析师。既有这种技能，又愿意花时间研究每一种市政债券的人（需要技能高超的专业人士仔细阅读大量法律文件）肯定对机会垂涎三尺。但是，我不得不强调，你必须分别对每一种债券进行具体分析。

不能根据技术分析的结论，去购买市政债券。

不过，可以通过共同基金购买市政债券。对投资者来说，最吸引人的是市政债券可以免税。因此，通过市政债券基金，投资者既可以实现多样化投资的目的，又能享受免税的好处。这对税收标准较高的那些州的居民而言，最有吸引力。

对经济来说，好消息是，市政债券市场不会像房产抵押市场那样出现暴跌。市政债券并没有跟其他市政公债或金融工具混在一起再分割打包，因此每一种市政债券的涨跌完全取决于自身的优劣。因此，如果内布拉斯加州的莫诺维市违约，就只会影响莫诺维自己发行的债券。

当然，市政债券对股市造成的威胁是因为市场过大而产生的涟漪效应。根据鲁比尼全球经济咨询公司（Roubini Global Economics）的数据，如果把州政府和地方政府的债券全部统计在内，规模将达 2.7 万亿美元。主权债券市场（包括德国和意大利等主权国家的债券）规模甚至更大。

如果一家市政当局停止付息，美联储就可能会通过提供短期贷款（可能以较低的利率）进行援助。然而，这只会扩散和拖延问题，而非解决问题。

现在，市政当局受税法中的特殊条款和规定的管辖。20世纪30年代大萧条期间，政府出于自身利益的考虑，迅速修改了税法，放宽了破产法中的标准，从而帮助市政当局摆脱了当时的困境。他们宣布破产然后违约，或者威胁要破产，以此作为重新谈判债务条款的筹码。

如果现在发生这样的事情，就会引发一系列反应。第一，市场上的资金流将会受到严重影响。购买市政债券的目的是获得固定收益，而许多债券又是退休人员购买的。

第二，如果美联储的任何一项举措给违约者带来了明显的相对优势，那么就会有越来越多的市政当局选择违约，从而产生滚雪球效应。

第三，政府将改变现有合同条款。一旦它这样做，大家就会认为它以后还会这样做。从长远来看，由于存在不确定性和额外的风险，市政借贷的成本将会上升。

这种情况能否发生，部分取决于该市政当局的重要程度如何。比方说，如果你在伊利诺伊州，芝加哥有什么要求，通常都会被满足，因为芝加哥带动了整个伊利诺伊州的经济发展。但如果你是在内布拉斯加州，莫诺维需要紧急援助，那就另当别论了，因为莫诺维并不能带动整个内布拉斯加州的经济发展。

国债

美国有大量尚未偿还的债务，很多是短期的——将于一年内到期。目前，我们大部分债务的利率都是 1%，或者更低，而正常的利率水平接近 3%。

债务需要一直偿还或者展期，短期利率不会一直保持异常低的水平。此外，中国是我们最大的债权人。这是我们历史上第一次欠外国的债——这意味着我们不能再像过去那样掌握自己的命运。

当我们拍卖国库券（treasury）的时候，中国人要求更正常的利率或完全不参与，这样的话，会出现什么结果呢？或者，要求这些债务以人民币或其他货币或黄金等价物计价，会出现什么结果呢？当每年国家债务利息支出最终增加到三倍的时候，我们的预算和财政赤字又会产生什么影响？

通常情况下，只有在战争时期，我们才会借这种债务，并且会在国内融资。第二次世界大战，中国人没有为我们提供资金，如果他们得不到更高的利率使他们持有的美元能保值，他们可能会停止为我们当前的战争提供资金。

这些问题将变得越来越紧迫，除非我们的金融机构回归到更为稳定的状态。

这是一个长期问题，可能不是那么迫在眉睫，但我们的政府应该未雨绸缪。如果我们的政府没有（或者不愿意）未雨绸缪，那么作为投资者，你必须未雨绸缪。

欧洲

在欧洲，债务规模已经扩张到了难以为继的程度，现在正在收缩。问题是：这个收缩过程需要多长时间，有多痛苦？请记住，**我们正在进入康德拉季耶夫之冬，全世界正从疯狂发行债券的繁荣期进入悲观期。各国**

政府不想削减债务，但市场迫使他们不得不削减。市场不愿意承担更多债务，他们认为欧洲的未偿还债务实在太多了。

在某个时点，无论个人，还是国家，都会触及他们无法再举债的临界点。现在，许多政府已经到了这个临界点。而且，随着经济收缩，他们没有足够的收入偿还他们的未偿还债务，这也是为什么我们的美联储保持零利率的原因之一。

如果像西班牙或意大利这样的国家因"太大而无法援助"最终违约（或者，套用政治家的术语，叫"重组债务"），那将成为最棘手的不确定因素。当然，我们已经看到来自德国内部的政治压力，德国将为援助计划提供资金。

也许，最大的风险来自不确定性："到底需要多长时间才能摆脱和解决债务危机？"这将是一个漫长的过程。

中国

每当我们浏览时间跨度大约为 100 年的分析图表时，我们都会看到美国是世界经济强国。自从第一次世界大战结束以来，美国就一直是世界上最强大、最富有的国家。而且在那之前，美国也一直处于优势地位。

现在也许不是了。

现在，中国的货币供应量大于美国——而且增速很快。近年来，中国的货币供应量增长了 148%，现在它的货币供应量（M2）是 11 万亿美元，我们是 9 万亿美元。当然，这就是投资者为什么担心中国会出现通货膨胀——因为货币供应量增加得太快，这给物价造成了巨大压力，而且，这也解释了为什么美国人会对人民币兑美元汇率深感不安。

如果按现在的趋势继续发展，中国将成为世界经济的主导者。

大概六七年前，迪恩·勒巴伦想起中国财经领域的某位高层人士曾经对他说过："50 年后，中国人的家中将会出现美佣。"我在六七年前第一次听到这话的时候，觉得不可思议——但是，现在看来，这个想法并不疯狂。

在 25 年前，你会相信有一天美国的市场分析师将不得不研究中国股市么？但我们已经在研究中国股市了，因为中国开始成为全球经济增长的驱动力。当你观察全球股市的时候，中国是一个非常重要的板块——它在推动整个环太平洋地区的经济发展。

未来 50 年，全球经济的真正增长，很可能来自中国和其他新兴市场国家，而非美国。不过，中国股市存在泡沫，局外人很难买到真正代表中国经济的股票。

第七部分

DEEMER ON TECHNICAL ANALYSIS

给困惑者的建议

第 19 章

市场下跌的时候应该买什么

也许你主要投资股票，或者使用本书帮助管理股票投资组合。但在长期熊市期间——或者在康德拉季耶夫之冬——尤其是在金融市场的波动性比以往大得多的情况下，你还能做什么？

未来几年内，这可能不会成为一个学术问题。《巴伦周刊》（*Baron's*）曾有一篇文章写道："1982 ～ 2000 年是金融资产的周期，因此，从现在（2012 年）到 2016 年或 2018 年，理论上，硬资产应该比金融资产的表现更好，但实际上大宗商品股和周期股的波动性非常大。"

当金融市场低迷时，可以采取三种传统策略：①持有现金或购买现金等价物；②购买"防御性"股票；③购买房地产、商品、贵金属等硬资产。

现金

传统观点认为，由于通货膨胀率高于货币市场利率，所以现金（cash）

无法保值。

另一方面，如果真的发生通货紧缩，也就是房地产市场持续下跌、股市不振、在通货紧缩压力下黄金价格上涨，而且再也没有什么地方能赚到钱，那么与其他方式相比，即使现金购买力略微有所下降，持有现金也是比较好的选择。

但是，通常现金的吸引力并不大，因为现在有许多不同的投资工具可以选择。几年前，在美国职业技术分析师协会的头脑风暴会议上，有人问哈尔·马洛（Hal Marlow）："你从来不持有现金吗？"他回答是的。哈尔·马洛通过在各种 ETF 之间来回转换，将他掌管的资金打理得非常成功。幸亏有了各种各样的 ETF，总有一些基金在某些方面做得相当不错。

比如，海外市场上的 ETF 覆盖范围很广，而且世界上所有的投资工具都同时下跌的现象极为罕见。

防御性股票板块：利用相对强度进行判断

传统防御性股票（defensive stock）的波动性要比整个市场小得多，因此被认为是相对安全的避风港。

如前所述，通常它们都是逆周期的。

然而，在熊市期间，尽管防御性股票的跌幅往往小于整个市场，但它们还是会下跌。在熊市里，相对强度仅仅意味着你持有的股票跌幅小于整个市场。我始终不明白，为什么一个基金经理会去找他的客户，跟他说："嗯，去年指数跌了 13%，但是你的账户只跌了 9%。我们以 4% 的优势跑赢了市场！"也许的确如此——但是，毕竟账户里的资产比年初少了 9%。

公用事业股（utilities）曾经是典型的防御性板块。无论向上，还是向下，它们的价格都没有太大的波动。但是现在，正如我在前面提过的，你必须注意核能源问题（nuclear energy problem）和监管问题（regulatory problem）。最好是坚定地持有一只基金，或者非常小心地选择公用事业股。主要消费股（consumer staple stock）的跌幅也小于整个市场，但是，它们也会跌。

房地产

普通人参与硬资产投资的传统方式，是拥有房地产（real estate）。越是工薪阶层，越会把房产当作主要资产，甚至是唯一的重要资产。因为人住在那里，在周末通过劳动提高房产的价值是可能的——改造、粉刷或安装新的屋顶。这些都很不错。

但是，房产的主要功能不是投资，它是一个生活场所。

有一段时间，拥有房产的人都不再这么想了。

最近，美国房地产市场经历了一场前所未见的非理性繁荣（irrational exuberance）。这场繁荣导致房地产市场在 2006 ～ 2007 年形成了长期头部（secular peak），而现在的房地产市场正在努力对长期头部时的疯狂行为进行修正。由于对房地产市场进行修正的力量是长期的，而且它的目的与投资者相反，因此房地产这一传统实物资产不再像以前那样是一种好的投资选择。

房地产市场的问题大多是由简单的投机行为所致。人们买的是他们原本买不起的房子，他们期望房价能迅速上涨，这样他们就可以获利卖出。在一段相当短的时期之内，这种投机行为的确获得了不错的收益，但是也催生了投机狂潮。

通常，自住型房产的主要属性不应被视为投资。它们缺乏流动性，会贬值，持有成本近乎天文数字。此外，任何一所房子具备的优势都有可能改变。如果你重新装修了，但品味很差，会是什么结果？如果某支车库乐队搬到你的隔壁，又会是什么结果？

出售房产的另一个问题是，大多数买家都认为，房价就是他们每月需要承担的全部费用。但是，一旦买了房子，除抵押贷款的本息之外，买家还需要承担其他成本——房产税、公用事业费、保险费，以及其他经常性开支。其中任何一项成本，都有可能由于各种原因而增加。

目前，各州和地方政府出现的预算危机，意味着房产税可能会上调。不断上涨的能源成本，会影响所有商品的价格，包括房价，特别是在那些能源成本特别高的地区。

好吧，如果房产税翻番，能源成本翻番，保险费翻番，那么你的房子就会贬值得比较厉害，因为支付能力与每月需支付的费用总额有关。当地市场机构或能源公司可能会使你的房子大幅贬值，而你对此却无能为力。

但是，目前决定价格最重要的因素，可能是市场情绪。而且，这种情绪是消极的。

总体来看，购房者预期房价会进一步下跌，利率最终会上升，房产税会上涨，断供房仍然是不利因素，能源会继续变得越来越贵，房屋建筑将更注重节能，家庭规模也会缩小，以及还有其他一系列对预制型独栋房产不利的因素。

由于人们通常都不得不在家里住一段时间，而房产又是一项长期投资，所以上面这些推断就显得尤为负面。

在美国，人们通常应该做但又做不了的一个决定，就是确定该买房还是租房。显然，事后看来，在 2007 年，人们能做的最好的决定，就是卖掉房子，开始租房。因为，如果他们在 2007 年卖掉房子，他们就卖在了高位。如果一直到房价停止下跌，他们都在租房，那么相对于周围所有的房主来说，他们实际就是在赚钱。这的确是一个值得考虑的问题。如果买房的原因仅仅是因为拥有一套房子是"美国梦"的话，我反倒认为，这并不意味着每个美国人都应该去买房。

另一方面，如果通胀加剧，房价可能会企稳，甚至上涨。然而，这不一定是好事。如果一套现在卖 20 万美元的普通住宅，到你退休的时候，涨到了 50 万美元，可能你就不会喜欢你所生活的世界了：汽油可能会涨到每加仑[○]20 美元；或者，一条普通的白面包都得要 10 美元，在买之前，你会考虑再三；医生的出诊费可能要 800 美元；黄金的价格可能会涨到每盎司 5 000 美元。

到那时候，可能没有什么会让你觉得开心。

大宗商品：一般特性

大宗商品（commodities）可能是逆周期的，但必须得小心。就市场情绪而言，它则与金融资产相反。

也就是说，当物价水平上涨的时候，它们往往会因为人们担心短缺而上涨。因此，大宗商品的顶部可能非常不稳定，非常短暂。在大宗商品的底部，通常价格比较低，而且（或）比较稳定。大宗商品的底部与金融资产的顶部类似，它们通常持续时间较长，而且呈圆弧形，比较温和。

　㊀　1 美制加仑约 3.8 升。

农产品（agricultural commodities）对食品价格上涨有着重要影响。如果你对农产品价格看涨，你不会去买大宗农产品 ETF，因为对我们大多数人来说，它实在算不上是好的投资替代品，可能你得去买化肥公司、种子公司以及其他相关公司的股票。

黄金

黄金（gold）被认为是逆周期的（见图 7-7），但最近不是。

问题在于，黄金不是纯粹的实物资产，它同时还是最传统的长期保值工具。因此，有时（虽然不是经常，但有时），实物资产的表现很好，而黄金却表现欠佳。不过其他时候，黄金的表现很好，而其他实物资产却表现欠佳。

传统上，黄金属于长期投资——是一种实现代际财富传承的方式。例如，假设你有 10 万美元，想把它传给下一代。历史表明，现在的 10 万美元现金，到了传给下一代的时候，会大幅贬值，而 10 万美元黄金的购买力则是相同的，要远高于美元的购买力，所以黄金可以用来保值。实际上，这既是一种防御型投资策略，也是一种进取型投资策略。

换言之，你是在预期货币会贬值。你同时还预期，黄金将继续被视为纸币的最佳替代品。从本质上讲，购买黄金是对货币缺乏信心。正如著名的黄金分析师伊恩·麦卡维蒂（Ian McAvity）所言："该问的问题，不是黄金会涨多少，而是美元会跌多少。"

从长期来看，这个赌注押得非常好。从 1913 年以来，美元已经丧失了 98% 的购买力。美联储制定了一项政策，即每年大约 2% 的通货膨胀率。不需要花多少时间，就能用计算器算出来，如果你有 1 美元，它每年失去 2% 的购买力，等到 25 年后，它就买不到多少东西了。事实上，它只能买到相当于今天 60% 的东西。

有一些黄金交易员说过，他们认为，黄金价格会涨到每盎司 5 000 美元。但是，如果黄金价格涨到了每盎司 5 000 美元，可能你就不喜欢这个世界了。你拿着 5 000 美元的黄金，可是加 1 加仑汽油就得花 25 美元。不过从另一个角度来看，如果你有一些多余的闲钱，想保持购买力，黄金的确是个不错的选择。

黄金的吸引力，部分在于你可以把它储存在一个相对较小的空间里。就像我的朋友迪恩·勒巴伦开玩笑时说的，要想实现黄金投资组合的多样化非常容易——把它埋到后院，当然，不要全埋在一个院子里。

目前，黄金处于长期牛市。当牛市结束的时候，黄金的价格可能会在短期内大幅下挫。黄金的价格不太可能想涨到哪儿就涨到哪儿——我随便说个数，比如，2 500 美元。黄金不太可能涨到 2 500 美元，然后在 2 200～2 500 美元之间震荡几年，在跌回 1 000 美元之前先筑一个大顶。当黄金价格停止上涨的时候，很可能会在图表上形成一个非常尖的**反转形态**（reversal pattern），用相对较短的时间完成筑顶，然后掉头向下。（事实上，黄金在 1980 年 1 月冲顶几十年来的最高点 850 美元的时候，只用了不到一天的时间，就完成了逆转！）

黄金的底部也不一样。黄金在过去筑底的时候，通常会形成一个相当长的底部，需要花很长、很长的时间才能完成整个筑底过程。

铀、铜、其他金属及原材料

工业用大宗商品（industrial commodities）是另一种投资选择。

有些工业用大宗商品方面的专家声称，目前最严重低估的实物资产就是铀，在福岛核电站事故之后，铀的价值又被进一步低估了。但是，这取决于核能未来的发展趋势。

而且，工业用大宗商品也存在很高的风险。

其他原材料（比如木材等）会在外围跟稀有金属的走势相配合。通常，如果稀有金属的价格上涨，原材料的价格也会跟着上涨。

不过，对大多数投资者来说，投资工业用大宗商品（如果你真想这么做）最好通过矿业股进行投资。

矿业股

矿业股（mining stock）是一种比金融资产市场更能准确跟踪基础商品价格变动的金融资产。

约翰·莫里斯是帕特南的传奇式基金经理之一，他一直声称矿业股的**价格**变动先于基础商品。换言之，他认为，黄金矿业股价格的涨跌要早于黄金价格。对此，我还没有做过统计检验，但从我所观察到的情况来看，似乎确实如此。也就是说，**通常**，矿业股会在金属价格上涨之前就开始上涨，在金属价格停止上涨之前就已经停止上涨。

但是，我强调的重点是"**通常**"。

稀有金属分析师总会花上一整天的时间分析主要矿业股，尤其是黄金矿业股。显然，如果黄金价格上涨，那么地下待开采的黄金储量的**价值**就会上升。因此，黄金矿业股的**价值**也会随之上升。但这并不总是一一对应的。此外，预示稀有金属价格处于顶部的标志之一是：**投机性很强的矿业股开始变得异常活跃**。

· 淘金热 ·

20 世纪 70 年代末，黄金价格首次超过了每盎司 200 美元。几年前，它再次涨到了 200 美元，但后来跌了回去，现在又开始上涨了。帕特南的一些员工决定在自己的账户里买入黄金股。他们让我打电话给伊恩·诺特利（Ian Notley）（他是多伦多一位很有天赋的市场分析师，我和他共事过），问他加拿大投机性最强的黄金矿业股是哪一只。伊恩笑了，一直笑，一直笑个不停。最后他说，可能是魁北克斯特金河矿业（Quebec Sturgeon River）。

嗯，这绝对不是帕特南基金可以买的股票，但是帕特南的员工可以用他们自己的账户买——他们也确实这么做了。但是，因为他们都在哈佛商学院接受过教育，所以他们打算用在"商学院"学到的那一套来干。

例如，他们注意到魁北克斯特金河矿业公司的年度股东大会即将召开。他们认为应该派一个人去参加，因为他们现在已经在这只股票上建了相当大的头寸。于是，我给多伦多的朋友伊恩打电话，他又开始笑。他说："要是他们愿意，他们可以过来，但是他们应该先知道两件事：第一，年会可能会在一家律师事务所的前厅举行；第二，年会上大家讲的可能是法语。"

关键是，当魁北克斯特金河矿业开始启动的时候，投资者对纽蒙特矿业（Newmont）这样的老牌黄金矿业股已经失去兴趣，然后才轮到这些投机性最强的黄金矿业股，这波上涨行情也很快就会结束。

艺术品

房地产投资存在的问题，也许可以解释为什么现在人们对艺术品（art）如此感兴趣。很多艺术品都以创纪录的高价售出，邮票和其他收藏品也是如此。

但是，这些实物资产的问题在于，**人们一般都很难买到**。

如果唯一一个总是判断正确的人在电视上说："我认为金融资产（financial asset）在未来 10 年的表现会很好。"要想听从他的建议很容易，因为金融资产很容易买到。只要到市场上买股票、债券等，就可以了。但如果同一个总是正确的人说："我认为实物资产（physical assets）在未来 10 年的表现会很不错。"要想按他的建议去做就很难，因为购买实物资产并不容易。

如果你无法甄别马萨乔（Masaccio）、莫奈（Monet）和蒙德里安（Mondrian）的画作，怎么办？如果所有面值 2 美分的邮票看起来都只值 2 美分，怎么办？

还有，当你打算卖掉硬资产，购买金融资产的时候，你又该如何快速处理这些艺术品？

第 20 章

狂热、恐慌和泡沫

如何从热门新股中挑选牛股

热门股，是出于某种原因，投资者对某一类特定股票非理性追捧而产生的。当某类股票行情火爆的时候，华尔街的投资银行家们就会通过首次公开发行（IPO）把同类公司迅速推向市场。似乎每个人都觉得这些热门新股没什么问题，也都希望能从中分一杯羹——每个人都认为这些新股会让他们大赚一把。

通常，这些新股都属于所谓的"下一个朝阳"产业。很多时候，第一批上市的新股表现不俗，每个人都能赚到钱，即便没有因此成为富翁，至少也变得更富了。谷歌（Google）就是这样的例子。

20 世纪 70 年代，我还在帕特南工作的时候，来自密尔沃基市（Milwaukee）的分析师罗恩·萨多夫（Ron Sadoff）就曾教过我如何从热门新股中挑选牛股。罗恩现在是密尔沃基市一家资产管理公司的掌舵人。当时，他关注的是活动房屋建造以及双面针织袜。最近领英（LinkedIn）和Yandex 的上涨行情，让我再次想起他的牛股识别法则。

罗恩·萨多夫的法则很简单：

> "当热门新股在交割日跌破发行价时，这一波热点行情就已经宣告结束。"

这个法则的逻辑是，到了交割日（目前美股实行 T+3 交割制度，即交易发生后的第三个交易日完成清算交割），对那些炒作热门新股的人来说，他们搭乘的顺风车就已经到终点了——而且，如果此时那些炒作热门新股的人并没有在这次搭顺风车的过程中赚到钱，那就发出了一个明确的信号：对这类特定的热点股来说，游戏已经结束。

注意：在交割日，热门新股必须以低于**发行价**（offering price）的价格卖出，才会触发罗恩的法则——而非它的开盘价（opening price），开盘价可能会特别高。

随着其他大型网络公司在领英和 Yandex 之后陆续上市，萨多夫的热点牛股准则也给我们留下了深刻的印象。

> 是的，我知道市场参与者不应享受搭顺风车的服务。然而，华尔街的指导方针和规则常常会被曲解。

泡沫与起伏式泡沫

泡沫（包括起伏式泡沫）都不是好现象。它们会使投资资本过度集中于某一特定资产或资产类别，它们会引发对整个市场产生巨大影响的情绪化波动。在过去，它们很少出现，但近年来，出现的频率越来越高了。

离我们最近的两次超级泡沫，是发生于 2001 年的"科技股崩盘"和 2006 年的房地产泡沫。

我在前面讨论过"科技股崩盘"。它给人们造成一种错觉，以为"这次真的不一样"，以为科技将给人类的生产效率带来根本性改善，以为我们靠 20 万美元投资就都可以退休了。有一段时间，投资回报率竟然高达两位数。

都说成功投资者最可怕的四个敌人是：希望、恐惧、贪婪和虚荣。在泡沫阶段，投资者最可怕的敌人，则是贪婪和希望。很多没有经验的新投资者，在科技股泡沫即将破裂的时候入场（在新闻报道使他们相信市场上涨是真实的，而且会在未来一直持续上涨之后，他们入场了），然后拒绝相信其他看法，即便市场大幅下挫。他们在市场即将见顶的时候入场，当市场开始掉头向下的时候，他们根本无法躲避。

房地产泡沫更加难以解释。它不是基于希望而是基于某种更类似于庞氏骗局的东西。只要买家多于卖家，价格就会上涨。买家创造了卖家，卖家也创造了买家——在同一时间，每个买家都试图"全部买断"。人们的心理是，房价从来都没有跌过，因此永远都不会跌。（我曾告诉过大家，如果事实确实如此——房价永远都不会跌，那么富达公司会把它掌管的过万亿美元资产中的每一块钱，都投到住宅房地产上。富达公司没有这么做，因为事实并非如此。）

更疯狂的是，有些人认为，一旦价格停止下跌，就会趋于平稳，然后会再次上涨。嗯，也许会这样——也许不会。记住，**还有通货膨胀**。房价会涨，但其他东西会涨得更快，而美元却会贬值。如果生活在这样的世界里，你不会觉得幸福。

房屋必须承载的首要功能，是成为工薪阶层能够负担得起的住宅。

正如我之前提到的，在金融资产和实物资产之间存在长期摆动。通常，结构性熊市是购买房地产的好时机。但目前看来，在相当多的地区，房地产价格仍然过高，市场仍然过于混乱，因为贷款机构正着力清理手中的断供房。此外，很多人都选择了租房，并且把钱投到了其他更好的地方。

房屋抵押证券

有一个迹象可以用来确认泡沫，即某一领域对金融工具的需求非常巨大，以至于华尔街竭尽全力创造各种金融工具，然后推向市场——而且，在此过程中，华尔街也通过这些金融工具赚到了大把的钞票。华尔街最擅长干这种事儿。以房屋抵押证券为例，市场上对房屋抵押证券的需求，远远超出了正常抵押贷款的规模。发行房屋抵押证券的机构，需要能用来打包出售的抵押贷款。于是他们派人去放抵押贷款，他们说："我们不在乎是什么类型的抵押贷款。只要是抵押贷款，我们就做。你把抵押贷款交给我们来做，我们再打包出售。"可见，对房屋抵押贷款的需求非常大。而抵押贷款的审核标准，也降到了零。

这加剧了房地产泡沫。

这回，不是马拉车，而是车拉马。对金融产品（抵押贷款）的需求，远远超过了供给（即正常抵押贷款）。

当某类投资的需求非常大的时候，不论是 2000 年的网络股，还是 2006 年和 2007 年的抵押贷款工具，华尔街都非常乐于创造这类投资工具

（而且非常有利可图）——但是，通常这（至少）是泡沫破裂的开始。每当人们开始包装这样的产品，每当这样的产品无处不在的时候——我说的"人们"，当然不是指那些深夜在电视上淘宝的人，而是那些向非常多的投资者推销大量投资产品的人——就要到顶了。

我曾对帕特南的共同基金销售主管赫伯·埃米尔松（Herb Emilson）说过，当形势对他有利的时候，对我就不利；反之亦然。我的意思是，如果他的销售人员能很容易就把基金卖出去，比如说进取成长型基金，那么从长远来看，这可能不是购买基金的好时候。但是，如果销售人员不得不把客户带到酒吧，把他们灌醉，然后拿着上了子弹的左轮手枪指着他们，逼他们买那些进取成长型基金，那么这通常是购买基金的好时候。

始终记住：**"到了该买的时候，一定是你反倒不想买了。"**

相反，如果华尔街对某种产品看涨，并且在它上面赚了大把的钱，那么它要么已经结束了，要么即将结束。

恐慌潮：投资者行为的变化

关于投资者行为，我们已经谈了很多。在过去 20 年里，你有没有发现投资者行为发生了变化？

正如鲍勃·法雷尔所言："精确再现的，不是历史，而是人类的行为。"

从长期来看，投资者行为会出现周期性变化。我的意思是，有时公众投资者在股市里非常活跃，比如 20 世纪 20 年代、60 年代末、90 年代末，以及 21 世纪初。相对而言，有时则不那么活跃，比如 20 世纪 30 年代、40 年代、70 年代，以及 80 年代初。

这种变化又开始出现了。由于投资回报低于平均水平，以及高频交易者和对冲基金导致极端的价格波动，普通投资者对股市越来越不抱什么希望了，正转去寻求其他的投资机会。

确实，尽管与 10 年前相比，投资者行为已经发生了改变，但与 20 世纪 70 年代末或 30 年代相比，并没有什么变化。在公众投资者异常积极和异常消极这两种极端态度之间来回摆荡的钟摆，此时正朝着异常消极的方向摆去，但尚未接近过去的极点。

| 第 21 章 |

华尔街不是你的朋友

过去 50 年，华尔街发生了两大变化。第一，股票发行的角色，已经从融资工具变成了套现工具。第二，投资者的角色，已经从投资者变成了投机者——有时，甚至是从投机者变成了赌徒。

股票发行角色的变化：从融资工具到套现工具

过去，出售股票是引进风险投资的途径。比如，约翰·史密斯想创办一家小公司，一家制造小型零部件的公司，但是他缺少资金，所以他创办了自己的公司。他四处奔走，用分司的名义到处找人给他投资。交换条件是，他转让公司的股份。而且，随着史密斯零部件公司开始占据越来越多的市场份额，不断壮大，在筹资过程中将转让更多的股份。

不过，并不是所有在股权转让过程中购买史密斯零部件公司股票的人，都想一直持有。他们需要一个场所，能卖出这些股票，这就是如纽约证券交易所和纳斯达克之类的公司能够存在的原因。有了交易场所，个人投资者就可以买卖"二手"股票，就可以在普通股上建立头寸。

因此，尽管从经济运行的角度来看，发行股票的主要目的是为新创企业筹集资金，但股票市场在生活中的真正意义是，作为股票发行后的交易场所，在融资阶段参与进来的投资者想要卖出的时候，让他们能够卖出他们的股票。

不过，在我看来，很多公司上市的动机已经改变。这些公司需要的不再是上市募集资金。现在，上市仅仅意味着原始股东可以借着公司上市的机会卖出套现。那些原始股东——那些在公众投资者还没有机会买入之前就低价买入并与上市公司关系密切的风险投资公司——都赚了大钱，赚得盆满钵满。

同样需要记住的是，**一旦一家公司通过发行股票募集到了资金，那么对这家公司来说，股票市场上的交易就没有任何意义了**。比如，有人在市场上买卖了 1 股微软的股票；那跟比尔·盖茨没有任何关系。那仅仅是有人卖掉了在某个价位从某个人手中买来的 1 股股票而已。微软再也不会从这种交易中得到一分钱。

不过，正是这 1 股来自流通股的一部分的股票最终会在市场上一再转手。所以，股票市场实际只是二手股票市场。当你买股票的时候，你得到的只是一张纸，只是一张被一次又一次转让的纸——它只是在找一个"快乐的家"，在那里，它仅仅能够享受到比几秒钟稍稍长那么一点点的"生活"而已。

承销费用：投资银行的毒品

华尔街最主要的收入是承销费用。如果华尔街开发了一款新产品进行销售，那么销售新产品赚的钱，要比销售老产品赚的多得多。要是有人在高盛（Goldman Sachs）⊖买入或者卖出 10 万股微软，顶多能贡献一点佣金收入。但是，如果高盛成了脸书（Facebook）的 IPO 承销商，它就能获得 2% 或 3% 的承销费。这笔收入高得离谱，数额巨大！所以，每次华尔街的金融工程师们开发出一些奇特的新产品，他们都会去推销，以赚取大概 2% 的承销费用。

华尔街唯一关心的，就是这些首次公开发行的新股或新产品能不能卖掉。华尔街并没有发明新产品来造福投资者——它这么做，是因为它认为，自己可以卖掉这些证券，并赚取巨额承销费。用"给猪抹口红"（putting lipstick on a pig）来形容这种情形，真是再恰当不过了。

永远记住——**承销费是华尔街真正赚到的大钱**。

债券市场的复杂性

在债券市场，过去投资者只能买到债券（bond）。现在他们可以买到各种各样的其他的东西，比如信用违约互换（credit default swap）。新的投资工具越复杂（sophisticated），投资者就越难理解，华尔街可以收取的承销费用就越高。如果华尔街的金融工程师把抵押贷款放到一个大罐子里，然后把它们切成条，再切成小丁，而不是仅仅拿着抵押贷款去卖，那么他们就可以向你收取切条的费用和切丁的费用。相信我，他们肯定会这

⊖ 高盛是世界领先的投资银行、证券和投资管理公司，为企业、金融机构、政府、个人等各领域的众多客户提供一系列金融服务。

么干。

然而，事实证明，华尔街并不擅长切条和切丁。评级公司给出的评级甚至更差，因为有一部分被评为 AAA 级的公司，并不比那些更具投机性的 B 级公司好多少。华尔街已经创造了足以摧毁华尔街的证券怪兽。然而，只要卖方能说服人们购买，只要它能带来较为理想的收益，人们就会购买。这就是问题所在：投资者购买它的目的是为了获得更为理想的收益，但其中涉及的风险也被它的复杂性（complexity）所掩盖。

经纪人会说："你要是买普通的 AAA 产品，只能拿到 4% 的回报；但买我们这款新发售的 AAA MBS CES（不管他们给它起了什么名字），你就可以拿到 5.25% 的回报。"哇噢！

雷·德沃在斯潘塞·特拉斯克公司工作的时候，我们就已经认识了，他说："大家为了赚钱而损失的钱，比撞到枪口上损失的钱还多。"那些买了号称高回报的 AAA 级产品的人，现在都明白这一点。

共同基金还是私人账户

有些事情可能会让你大吃一惊。我认为，在同一家投资管理公司，共同基金（mutual fund）投资者的境遇，要比数百万美元专户（account）投资者的境遇好得多。

理由是：

比如，在飞机上，坐在你旁边的人负责一只共同基金。他在考虑这只基金，考虑他目前持有的股份，考虑下一步的行动计划。如果他的业绩不好，估计他应该是在考虑如何改善；如果他的业绩不错，估计他应该是在考虑如何保持这种状态。关键是，他将 100% 的注意力都集中在他管理的共同基金上。

但是，如果坐在你旁边的是养老基金（pension fund）经理，他和公司的一名销售一起出差。他们在考虑将要拜访的客户，以及客户是否会高兴；他们应如何把握会谈的主动权；演示文档是否准备妥当。与共同基金经理不同，养老基金经理的注意力集中在与客户的关系上——而不是投资组合上。

这就是为什么我说，你投到共同基金里的钱会受到特别重视。

如何选择经纪人

选择经纪人（broker），和选择医生一样重要。你不会因为哪位医生对你很好，偶尔还请你出去吃顿午饭，就选择他。选择经纪人的时候，也应如此。

选择一个极富职业精神的管理人，职业化地对待你们之间的关系。另外，选择一个可以直言不讳地告诉你他们对你的账户承担哪些责任的人。他会主动管理吗？他会选择市场时机吗？他有多少客户？他的佣金结构是什么？而且，如果你的经纪人向你推荐一只基金产品，务必要问清楚它的各种费用（比如销售费用）是多少。

庞氏骗局

有一条很古老的规则："在华尔街，如果某件事儿听起来好得令人难以置信，那肯定就是假的。"20 世纪 90 年代末，我们那儿有一个叫莱恩·波格丹（Len Bogdan）的本地人，他说，可以保证大家能得到 12%～14% 的投资回报，绝对安全。而当时利率只有 8%。我们都知道这根本不可能，因为，根本就没有什么投资途径，能实现这么高的回报。我妻子甚至给本地电台的老板写信（波格丹在本地电台开了一档每周一次的付费专栏节目），警告说波格丹承诺的事根本就做不到——至少不合法。原来波格丹搞的是庞氏骗局（Ponzi Scheme），如今，他还蹲在监狱里。但是，退休人员非常希望能有一些收入，所以他们很容易被这种伎俩蒙骗。

他们的推销话术基本上都是这样的："快来吧！我们知道，一般投资者都没从银行赚到什么钱，存单到期了也赚不了仨瓜俩枣。我们有一个项目，绝对安全——而且，收益还很高。"好，如果它给你的收益比市场利率还高，那肯定不安全。一点都不安全！不可能安全！仅有的可以获得高于当前市场利率收益的途径是：承担更高的风险（比如，小型零售企业的债务风险高于沃尔玛的债务风险），或者进行更长期的投资（30年期限债券的风险，高于同一公司发行的3个月期限商业票据的风险）。

还有一条很古老的规则："Ecce homo！"这是拉丁语，意思是："瞧！这个人！"伯纳德·麦道夫（Bernard Madoff）骗了很多人，但也有很多人看穿了他的骗局。麦道夫是怎么打发时间的？他的时间都用到了社交上！他把钱花了！他只关心这些。他不是在管钱。

第 22 章

华尔街把投资变成了赌博吗

投资、投机与赌博

从真正的投资（investing）到投机（speculation），再到赌博（gambling）。假如让你仔细思考一下投资的范围，那么你能确定人们口口声声所说的"投资"到底属于哪一类么？

每当我看到所谓的"投资"和"投资活动"，我总会感到惊讶。实际上，它们属于投机。而且，即便算不上赌博，也非常接近赌博。看看媒体怎么说——他们会说，某某对冲基金认为欧元会下跌，而且已经建了空头头寸。这只对冲基金并不是在跟随欧元的下跌趋势进行投资——它只是在赌欧元会下跌。而且，现在华尔街的很多活动，实际上只是赌博而已。很多对冲基金的活动都是赌博，他们在押宝。可能他们会说自己在投机，但是，投机与赌博的边界在哪儿？投资与投机的边界在哪儿？

因为你从投资变成了投机，从投机变成了赌博，所以很明显，你的风险更高了。

某些被大家视为 AAA 级投资的金融产品，最终证明只是赌博的工具。而且，很不幸，它们与银行和信用体系的联系非常紧密，差点使整个金融系统陷入瘫痪。它拖垮了金融系统内的几大巨头——也几乎拖垮了整个金融系统。

要是政府不救市，它就真把整个金融系统拖垮了。谁在为救市买单？你和我。谁得到了救市的好处？他们！他们仍然过着好日子，而你我还在为纳税拼命工作。

但是，我们不想再做替罪羊了。

问题是，那些犯了错的人是否吸取了教训？或者，他们是否已经学会了，要是他们把事情搞砸了，政府会出面帮他们收拾残局，所以跟以往相比，他们可以冒更大的风险？因为，对他们来说，即便搞砸了，他们也不会多损失什么。我们还不上银行贷款，我们抵押的房子就没了。银行还不上我们的钱，它反倒会得到政府的救助。

华尔街成就了赌博：脸书

实际上，华尔街最拿手的事情之一，就是为人们创造投机或者赌博的工具。（不是投资，而是投机，或者赌博。）我们最近看到的一个赌局就是脸书。如果脸书的股东超过 500 人，它就不得不披露某些目前不想披露的财务信息。但是，脸书需要钱。因此，高盛专门设计了一款定向投资脸书的产品，很多投资者投了这款产品。所以，现在有很多投资者通过高盛的产品投资脸书。它避开了法律监管，但每个人都视而不见——直到将来有一天，事与愿违，风波骤起，然后，某些人再次得到救助。

然后，另外一些人，再次成为替罪羊。

第八部分

DEEMER ON TECHNICAL ANALYSIS

我的生存法则

第23章

生 存 法 则

多年来，很多人问我，最重要的投资法则是什么？我总是回答说，一些最基本的投资法则，适用于生活当中的任何事情，其中多数都是古老的谚语，只有极少数才是新的或令人惊讶的东西。

鲍勃·法雷尔的法则（见第 3 章）是最佳起点。下面，还有一些其他建议。

记录每一个重要决定

记录（document）你做的每一个买入或卖出的决定。最好的办法是写在纸上，其次是以静态格式保存电脑截图（可以用 PDF 或 PostScript 软件，也可以用电脑自带的屏幕截图功能）。每张截图都需要写一段备注。把它们保存在相应的文件夹里。文件夹的名称最好有一定的逻辑（例如

"××××年××月××日股票决策 – 买入苹果公司")。当你卖股票的时候，也需要简单记录一下卖出的理由（比如"板块下跌"，或"出现大顶"，这就足够了）。

很多时候，人们会说："哦，我是看了《Fubar 报告》（*Fubar Report*）的建议买的，《Fubar 报告》说可以买超买网（OverboughtDotCom）。"不过，它可没替你做决定——是你自己做的决定。如果你是因为看了某些报告才买的，那就把你相信这些报告的理由记下来。

每6个月写一份总结报告，并且，向其他人详细解释你的投资决策。（不是对你的狗做解释，而是对其他人做解释。）只要你知道你必须得这么做，你的交易方式就会发生非常大的改变。

学会视觉思维

人们问我是怎么记住这么多图表的，我认为，这得益于我在曼哈顿基金接受的训练，以及我对自己的训练，那时还没有电脑（见图 23-1）。

大多数人都认为电脑是一个小小的奇迹，存储着无限的信息。我本人不同意这种看法。而现在，你要试想你正置身于一台电脑之中，你会发现，你周围到处都是图表。

在曼哈顿基金，我们被海量信息包围，放眼望去，到处都是信息，每一条信息都非常重要，都值得编辑整理，都值得动手绘制成图表。

靠着墙摆了一张很大的长条桌。它对面是大型报价板，以及纽约证券交易所和美国证券交易所的行情报价机。

我们记录个股信息的 90 厘米见方的大本子，就放在那张长条桌上。

图 23-1　作者与蔡志勇在曼哈顿基金的图表室

注：图中文字是对蔡氏管理公司的介绍。

　　我们的"历史书"放在后面的书架上。每年底，《纽约时报》（*New York Times*）都会出版过去一年的市场图表，并附有当年重大事件的注释。我们派人到纽约第 42 街的公共图书馆，把能找到的图表尽可能都复制下来。因此，我们不仅可以看到 1950 年的市场图表，还可以看到 1950 年发生的影响市场的重大事件。这是非常珍贵的参考资料。

　　图表区的墙上，一层一层挂满了图表。

　　在一面墙上，有 25 块可以像书页一样翻动的图板，所以我们可以随时翻阅 50 张大图表。

在它对面的墙上，安装了三层滑动面板，要是上面挂满图表的话，大致相当于 12 块图板。最重要的图表都挂在这里。我们有技术分析师需要的所有的主要图表，还有货币、债券、短期利率以及各种供需比率的图表。

每张图表都有一些信息会唤醒你的记忆。如果你对某张图表不是百分之百熟悉，它会一点点变得熟悉，因为你总是在看同一张图表。（要是在电脑上，就不一样了：你可以调出某张图表，而呈现在你眼前的图表，多多少少，总会有些不同。）

当然，今天很少有人使用纸质图表。那时，我们每天需要三个人，总共用 20 个小时左右的时间，计算和绘制图表，才能及时更新。当年，这是最先进的。（现在，最先进的是富达公司，他们的图表室里安装了世界上最大的液晶显示屏，可以让满屋子的基金经理和分析师看到电脑绘制的、每秒更新一次的图表。）

忽略新闻报道

我在之前提过，市场先于新闻。因此，你不应该根据新闻（news）制定交易决策。而且一些其他的原因，也要求我们避免受财经新闻栏目的影响。

始终记住，**财经媒体自身的行业特点决定了，它们必须让你尽可能多地观看或者收听它们的栏目——这意味着，它们必是短期导向的，必是以娱乐为主的。这两个特点，都会对你的财富造成伤害。**

比方说，如果市场在下午 2 点到 2 点 30 分之间出现集中抛售，对交易柜台前的人来说，这可能非常重要。而且，它很可能是财经栏目安排大量时间讨论的内容。但是，对长期投资者来说，绝不要受它的影响。

如果你正在看财经栏目，你一定要明白，收视率最高的栏目就是与"恐惧"和"贪婪"有关的栏目，这些栏目会重点强调所谓的专家观点：事态将变得更糟（或者更好）。记住，**恐惧是一种远比贪婪更强烈的情感。**

同时，生活还要继续。长期投资者应该关注大尺度（框架）的长期形态。而长期形态，只有保持足够的距离，才能看清楚。时时盯着市场变化，只会使长期投资者难以专心研究长期形态。

忽略日常噪声

在分时图上，可以观察到日内波动，但这种波动，对长期投资者而言，并不值得关注，也没有什么意义。

例如，市场经常会在收盘前出现较大的波动。新闻记者可能会试图对此做出各种牵强附会的解释，但是，其背后的真正动因往往是良性的。已故的迈克·爱泼斯坦在交易柜台前和纽约证券交易所工作过几十年，他对此的解释是："如果你在交易时间下了一笔委托单，假设是一笔大卖单，一整天都在零零散散地成交，到了收盘前 15 分钟的时候，还没有全部成交，你可能会考虑第二天继续下单。但是，你不知道第二天是否还能下单。你今天能下单，明天可能就没法下单了。因此，你决定在今天收盘前尽量多卖一些，因为明天可能没法下单。"因此，多数收盘前的波动，都是人们在集中处理当天没有成交完的委托单。第二天早盘，类似的买卖盘可能已经消失得无影无踪了。

即使对市场有一定意义的日内波动，对小投资者而言，可能也没有什么意义。如果你早上起来，发现标准普尔期货的价格上涨（或下跌）了 12

个点，市场将在开盘的时候突然上涨（或下跌）。参与游戏的机构投资者可以利用计算机优势，在瞬间把握住这个波动。但是，个人投资者根本来不及下单。因此，他必须忽略噪声，专注于市场的长期运动。

许多交易软件和投资书籍都介绍了如何利用噪声获利，如何在非常短的时间框架内进行交易，以及各种可以在非常短的时间框架内使用的交易工具。

不过，精明的技术型长期投资者必须忽略日内噪声，从长期运动的角度出发，对市场进行全面审视，不要只见树木不见森林。或者，更恰当地说，不要一叶障目。

做一名投资者，而非交易者

我之前说过：买股票，要以长期投资为目的。2011 年 6 月美国个人投资者协会（AAII）进行了一项民意调查："你会多久查看一次投资组合的净值？"

> 每天查看一次：占 57%
>
> 每周查看一次：占 29%
>
> 每季查看一次：占 8%
>
> 几乎总是在市场上涨时才查看：占 4%
>
> 几乎总是在市场下跌时才查看：占 2%

保持怀疑的态度

鲍勃·爱德华兹（Bob Edwards）是蔡氏管理公司的最佳投资人。我从他那儿学到了怀疑论（skepticism）的重要性（见图 23-2）。华尔街的人时常跟他讲，他们非常看好某只股票（我们称之为"故事"）。每次听到这类故事，他总会想办法找出漏洞。几乎每次他都会成功。当他无法找出漏洞的时候，他就会买那只股票。

图 23-2　沃尔特·迪默与鲍勃·爱德华兹

比尔·莫耶斯（Bill Moyers）最近在《乔恩·斯图尔特每日秀》栏目接受采访时的说法，与此大同小异："每个人都想说出自己的看法。不过，他们都在试图隐瞒事实。"

别人害怕的时候，你应该高兴

请记住，**在市场底部时，行情剧烈波动，所有的消息都是利空，因**

为新闻节目试图通过最近发生的事件，对市场的低点／波动做出解释。但是，此时恰恰是你应该寻找底部、寻找买入信号的时候。

当然，反之亦然。别人都高兴的时候，你就应该小心。当所有的消息都是利好、整个市场上的人都洋洋自得的时候，往往暴风雨就要来了。

不要过度交易

永远不要过度交易（overtrade）。尽管现在交易很方便，但一定要抵制过度交易的诱惑。你可以在网上交易，甚至不用打电话就可以交易，佣金也低得可以忽略不计，但是，交易很方便并不意味着过度交易就是正确的。真正的长期投资者，应该抵制过度交易的诱惑。一般来说，你会因为试图赚一些短线快钱，以至于在行情逆转的时候，无法抽身，最终犯错。

忽略传言

华尔街有句老话："听到传言时买入，看到新闻时卖出"——这只是说，市场提前对此做出了预测。但如今，信息技术制造（并歪曲）传言的速度如此之快，以至于传言并不是做交易决策的可靠依据——其实，从来都不是。

截断亏损，让利润奔跑

另一句老话是："截断亏损，让利润奔跑。"

成功的投资者并不总是对的——只在大部分时间是对的。错误是不可避免的。但是，必须知道一旦犯错应该怎么处理。如果你90%的时间是正确的，但是在另外 10% 的时间里，却亏掉了所有的钱，你也不会成功。所以，要尽量减少错误。出现亏损的时候，就认错，尽快撤出。

你持有股票的目的只有一个——赚钱。所以，如果股票走势对你不利，你就已经错了。大多数情况下，卖出股票，比持有股票并希望从长期来看你是正确的更好。没有哪条法律规定，要是你卖掉股票，以后就不能再买回来。

不要把自己的智慧和牛市混为一谈

如果仅仅是赚到钱了，也并不意味着，你所有的决定都是对的。所以，无论如何，多多少少，总要感谢一下幸运女神。千万不要认为自己总是对的，以免过度自信影响你未来的决定。

不要试图在顶部的最高点卖出、在底部的最低点买入

华尔街有句老话，大意是："最贵的 1/8 美元，就是最高点的 1/8 美元和最低点的 1/8 美元。"这意味着，投资者居然耗费了如此多的时间和精力，试图卖在顶部的最高点、买在底部的最低点，最终，他们彻底错过了顶部和底部。对长期投资者来说，在顶部附近离场，在底部附近入场，就是不错的选择。这才应该是你的目标。

从错误当中吸取教训

通常，你从错误当中学到的东西，要比从成功当中学到的更多。

这个游戏真正的名字是，尽量不要再犯同样的错误。不幸的是，市场总会不断想出各种新伎俩，让你犯错。这些年，我一直在想："天哪，我

终于犯了所有可能犯的错误。"然后，市场又会想出另外一些伎俩，使我犯错。股票市场是人类发明的最能使人谦卑的东西。

读一本好书

请读一读《股票作手回忆录》（*Reminiscenses of a Stock Operator*）。这是杰西·利弗莫尔（Jesse Livermore）的传记小说。杰西·利弗莫尔一生多次大起大落，最终在曼哈顿雪莉 – 尼德兰酒店的男洗手间自杀。至今，在所有关于投机心理方面的图书当中，《股票作手回忆录》仍然是最好的一本。带照片的 75 周年纪念版非常值得买，非常值得一读、再读。

我还建议，至少买一本绘制和分析复杂图表的技术手册（我在附录中提供了一些建议），需要时就读一读。但是，请记住绘制和分析图表的两个原则：**第一，最初 10% 的努力会产生 90% 的结果；第二，尽量简单，包含各种指标的复杂图表所能给的答案，从来都不会比第 6 章介绍的基本图表所给的答案更好。**

所以，你最好用基本的长期图表取代复杂图表，同时理解市场运行的一般规则。

备份，备份，再备份

这是很普通的建议，不过，有一个小故事很好地说明了备份（backup）的重要性。

1979 年，我在帕特南工作的时候，一场大火烧毁了五楼的市场分析部、交易部、债券部，还有几位基金经理的办公室。

重新装修办公室的时候，我们只好先租用隔壁的办公室。在此期间，我发了一份备忘录，说："由于某种不可控的原因，在不久的将来，市场分析部将被称为'烧焦的房间'（charred room）。"（把这句话大声读出来，也许会对你有帮助。）

很有趣，不过也很有哲理。我们正在处理的文件都摆在桌子上。我们每天看的图表都挂在墙上。所以，对我们日常工作很重要的一切都消失了。不过，那些我们很少看的材料，全都归档放在了文件柜里。尽管这些材料的边角有点儿发脆，但并不影响使用。我们可以看到想看的全部内容。

所以，秘诀是：把你不用的垃圾放在桌子上，把你要用的所有东西都放在档案柜的防火抽屉里。

不过，我们的做法恰恰相反。我们要用的文件都摆在办公桌上。我们现在用的文件都存在笔记本电脑里，存在台式机里，而且，只备份了去年的文件。但是，如果天花板漏水了，它们就完了。如果电源插座着火了，它们也完了。为了经常提醒自己，我保留了一些东西作为纪念。那是一些在火灾中被烧得变了形的东西，是一些我当时放在帕特南的办公桌上的东西。火灾发生时，这些东西都被烤化了，根本没法再用了。

每天晚上，你关电脑的时候，务必确保你正在使用的所有文件都做了备份，都放在抽屉里锁好了。

第 24 章

我是幸运儿

早年岁月

通常，技术分析师有三个共同点：对变化的数字感兴趣，喜欢视觉思维，更喜欢猫而不是狗。

我第一次对股市产生兴趣，是在 11 岁的时候。当时，我还在罗得岛州詹姆斯敦的小学读书。我对数字非常痴迷。那时，在看完牙医回家的路上，我时常会在位于纽波特的基德尔·皮博迪公司（Kidder Peabody）的营业部停下来，看自动收报机打印的行情纸带。后来，在宾夕法尼亚州立大学读书的时候，我经常到那儿唯一的经纪公司营业部——格林 - 埃利斯 - 安德森公司营业部——去看行情纸带。

1962 年 5 月发生的大崩盘真真正正激起了我对股市的兴趣。弥漫在股市上空的恐慌，既让人胆战心惊，又让人痴迷不已。

当时，股市的收盘时间是下午 3 点 30 分。但是，有一天由于成交量太大，一直到晚上 8 点，行情自动收报机才打印完所有的行情数据。道琼斯指数从 4 月初的 700 多点，跌到了 6 月的 525 点。在当时，这是前所未有的暴跌。

格林 – 埃利斯 – 安德森公司有三位经纪人，其中，有两位通过技术分析很早就预测到了市场会下跌。这给我留下了深刻的印象，使我对技术分析产生了兴趣。

有一天，我在学校图书馆找到了约瑟夫·E. 格兰维尔（Joseph E. Granville）写的《利润最大化的股市择时策略》（*A Strategy of Stock Market Timing for Maximum Profit*）。（格兰维尔是早年非常著名的技术分析师。如今，他已年过 80，仍在坚持发表市场通讯。）在拼车返回费城老家的途中，我坐在后座读这本书。我彻底沉浸在这本书里——只觉得很快就到家了——随后，我就开始绘制和跟踪一些技术指标。（我后来发现，许多和我年龄相仿的市场分析师，都是从读这本书开始对技术分析产生兴趣的。）

宾夕法尼亚州立大学没有开设技术分析课程，所以大四的时候，我等于是自己给自己开了这门课。格林 – 埃利斯 – 安德森公司技术超群的经纪人之一迪克·威廉姆斯（Dick Williams），是宾夕法尼亚州立大学的兼职教授，他为我提供了很多帮助。我攻读了工商管理荣誉学位，撰写了关于经济先行指标与股市预测专家的技术指标的荣誉学位论文。

我使用 Fortran 编程语言（现在早已过时），按月份输入一系列经济先行指标，不管它是正向的、负向的还是中性的。接着，我又输入一系列技术指标，并注明是正向的、负向的还是中性的。然后，我用学校又老又笨的 IBM7074（这套设备占了商业管理大楼足足半层的面积）计算股市未来的走势。

结果怎么样呢？

技术指标的趋势先于股市。经济先行指标先于经济，但与股市一致。所以，我得出结论，如果想预测股市，必须使用技术指标，而不是经济先行指标。

美国国家经济研究局的研究也表明，股市本身就是一个经济先行指标。实际上，当时它是最好的两个经济先行指标之一（另一个是房屋开工率）。

再后来发生的一切，都要感谢迪克·威廉姆斯。我当时就意识到了这一点。我很荣幸送给他一本装有封面的荣誉学位论文，并在上面写道："致迪克·威廉姆斯——拉弯树枝的人，使树倾斜的人。"

1963 年毕业之后，我很想找一份技术分析师的工作，但是，当时华尔街没有几家公司设有技术部门，而设有技术部门的公司也不招人。

我只有一个希望。

沃尔斯顿公司。它是当时仅有的几家设有技术分析部门的公司之一。我拿到一封写给该公司技术分析师的介绍信。我带着这封介绍信和自己的荣誉学位论文，到了沃尔斯顿，想交给技术部门的主管埃德蒙·塔贝尔（Edmund Tabell）。那天，埃德蒙·塔贝尔不在公司，但是，他儿子托尼在。我拿着介绍信和荣誉学位论文走了进去，托尼看着我，说："噢，一篇论文！跟那些东西一起放在书柜上吧。"最终，我没有被沃尔斯顿录用。

直到今天，托尼一直跟我说从来就没有这回事，但我发誓，确实有。不过，这段往事的结局非常圆满：后来托尼成了我最重要的导师之一，至今我们仍是非常好的朋友。

我在华尔街能找到的最好的工作，就是在美林公司的研究部当实习生。不过，美林的技术部非常出色，所以我下决心一定要加入技术部。技术部只有四名员工，首席市场分析师是鲍勃·法雷尔（第 3 章已经介绍过他的十大法则），统计助理是阿奇·格劳福德，是一位年轻的技术员、占星家，直到今天，他还在坚持发表市场通讯。

我始终对阿奇心存感激。正是因为他，我才得到了第一份技术分析师的工作。

阿奇总是说要辞职。几乎每个星期，他来上班的时候都会说："鲍勃，我要辞职了。"鲍勃·法雷尔则会说："好的，阿奇。昨天的碎股报表在哪儿？"

在一个周一的早上，阿奇进来说："鲍勃，我要辞职了。"鲍勃说："没问题，阿奇。碎股报表在哪儿？"阿奇说："不，鲍勃，这回我是认真的。我周五就走。"

所以，鲍勃·法雷尔必须找一个能在四天之内受训上岗的人。

有几位比我资历深的人，也都非常想得到阿奇的工作。但是他们根本没有技术分析的背景，我是唯一可以在四天之内受训上岗的人。所以，我被选中到美林的技术部为鲍勃·法雷尔工作。

这就是我在 1964 年 4 月成为专职技术分析师的经过。

在美林技术部工作，并不像我想象中的那么好。当时，技术部几乎不怎么被重视。

例如，美林当时正在做卡通广告，其中有一幅，似乎就是在嘲笑技术分析。广告上，一位先生坐在桌子前，正在用铅笔和直尺在方格纸上画图表，桌子上还有一台打印计算器。广告标题是："好啦，查理，把那些图表收起来。"（我总是打趣说，在做完广告之后，鲍勃·法雷尔就正式把名字从查理·法雷尔改成了鲍勃·法雷尔。）

我们的办公室很小，在电话交换机房的后面，很不起眼，极少有人光顾。

我们也很少有露脸的机会。

美林的官方立场是，不发布任何市场预测。它的成交量约占纽约证券交易所成交量的 10%，因此，如果股市成交了 600 万股，可能单单美林就买了 60 万股、卖了 60 万股。美林不会告诉那一半已经错了的客户他们错了。

但是，如果技术部不进行预测，那该做什么呢？

美林有两条新闻专线：一条是普通的新闻专线（就是发布肯尼迪遇刺消息的那条专线），另一条是经理们专用的新闻专线。每周一和每周四，鲍勃·法雷尔会通过经理专线发布市场评论。这些市场评论的抬头，非常醒目地写着一行字："仅供经理参阅，不得复制或转发。"当然，由于各营业部的普遍要求，经理们随后都纷纷复制、转发。

但是，从官方的角度来说，美林并没有发布股市预测。

在美林工作了一段时间之后，我觉得自己什么都懂了，于是决定寻找更好的发展机会。

蔡志勇的曼哈顿基金：沸腾的岁月

当时，我正在绘制在纽约证券交易所上市的每只股票的点数图（point-and-figure chart）。制图数据来自一家名为摩根 – 罗杰斯 – 罗伯茨的公司，它们的办公室和美林只隔了几个街区。每天下午稍微晚一点的时候，我都会步行到他们的办公室，去拿价格报表。如果摩根的报表没出来，我就在那儿转一会儿，和主管艾克·阿米利（Ike Ameleh）随便聊聊。

1966 年 1 月的一天，我告诉艾克我想换工作。艾克说："你听说过蔡志勇吗？"

我当然听说过。蔡志勇因为执掌的富达资本基金业绩排名第一，声名鹊起。几个月前，《商业周刊》(*BusinessWeek*) 还刊登了一篇对他褒奖有加的文章。艾克告诉我："蔡志勇要从波士顿搬到纽约，创办曼哈顿基金公司。他昨天打电话给我，问我是否认识正在找工作的技术分析师。"

于是，我到蔡志勇那儿参加面试。他录用了我，年薪 8 100 美元。在曼哈顿基金刚成立的时候，我开始在那儿工作了。

蔡志勇不知道究竟能募集到多少资金。我记得，第一份募集说明书上写的募集规模是 2 500 万美元。后来，想投资的人越来越多，募集规模达到了 1 亿美元，然后是 2 亿美元。最终，这只基金的首次发行募集规模达到了 2.7 亿美元——这是有史以来发行规模最大的共同基金。

当基金认为能募集到的资金可能不会超过 1 亿美元的时候，技术部还只是在鲍勃·爱德华兹的办公室里的一个记录纽约证券交易所每只股票日线图和周线图的小部门。当募资规模超过 1 亿美元时，技术部开始壮大，我被录用了，在一片忙乱之中着手重建曼哈顿基金的技术部。

在 1966 年的时候，我们能够提供的基本的股票图表服务，是股票的每日基本趋势图。蔡志勇募到 2.7 亿美元后，开始投资的第一天，因为一些技术原因，他只能买两只股票。（这两只股票是宝丽来（Polaroid）和宾夕法尼亚铁路（Pennsylvania Railroad）。）第二天，他开始投入更多资金。他在一个大记事本上，记下买了哪只股票，以及打算总共买入多少股。一只股票，他会先下单买 25 000 股，然后，如果委托单全部成交，他可能会再下单买 25 000 股。等到收盘的时候，他已经设法买进了 25 ～ 30 只股票。

第一天晚上，我带着蔡志勇的记事本副本（见图 24-1）和晚报回家，在我的趋势线图表本上，逐一更新他购买的每只股票的图表，以便第二天他能看到最新的图表。

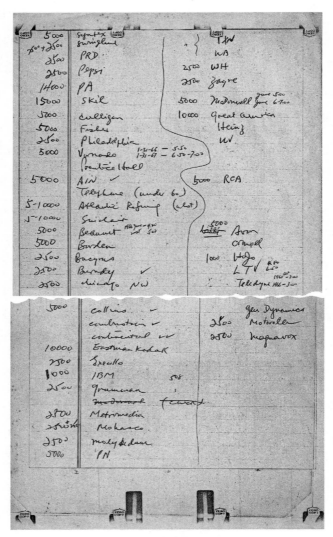

图 24-1　蔡志勇记录股票清单的记事本副本

随着资金源源不断投进来，曼哈顿基金和它的技术部都开始疯狂扩张。

我们的办公室位于第五大道 680 号。因为公司扩张，在同一栋楼的楼上和楼下，我们租了越来越多的办公室。电话公司一位名叫乔治的安装工，经常到办公室为我们布线，他在电梯井里上上下下。在任何能把我们不断扩大的办公区连接到一起的地方，都布满了电话线。没多久，整个办公区就变得乱糟糟的，看起来好像发生过爆炸一样。

在我们租用之前，这个办公区的租户是一家加拿大的矿业和勘探公司——贾夫林公司（Canadian Javelin），怎么说呢，它的名声的确不大好。有一天晚上，乔治在天花板上四处查看，想找地方布设更多的电话线，他从天花板中掏出来一堆很旧的矿勘地图。

在那之后，我就一直在想，是不是每次贾夫林公司打算宣布发现了一处新矿的时候，就爬到天花板上掏出一张地图。

最后，这栋办公楼的办公室也不够用了，我们就搬到了派克大街 245号一座比较大的办公楼，租了整整一层。

尽管在当时看来，我们的技术很先进，但仍然比较原始。

我们有一台与 Trans-Lux 显示屏相连的自动收报机。一台叮当直响的科特龙报价终端。我们的图表都是手工绘制的。我们还有绘图纸、透明胶带、打字机和油印机。

不过，我们最后有了一个最先进的技术工具。我们配备了 91×91 厘米的活页夹，制造商告诉我们，这是他们生产过的最大的活页夹。我们最后发现，那确实是当时世界上最大的活页夹。

我们需要为投资组合中的每一只股票都绘制四张图：单点点数图、长期点数图、日点数图和周点数图。这四张图表，全部画在两张对折的页面上。每张图表的规格是 21.6×28 厘米，所以我们的活页纸上剩不了多少空白。不过，我们可以同时看到四张图表。

这就是当时最先进的技术。

我们跟传奇分析师埃德森·古尔德密切合作，他当时在亚瑟·威森伯格公司（Arthur Wiesenberger）工作。我们聘请他担任专业顾问。

有一次，我和埃德森的一个销售员出去喝鸡尾酒。他告诉我，埃德森会关注各种各样的事情。几轮酒之后，他说，其中之一就是火星卫星的运行轨道。哦，占星术，不论当时还是现在，分析师们都会嗤之以鼻。在任何一个投资会议上，如果你谈论火星卫星的运行周期，你都会被大家轰出会场。但是，如果你谈论的是某个周期，比如说是一个 62.8 天的周期，每个人都会非常认真地听，生怕错过你讲的每一个字，就好像你是一个伟大的智者。因此，事实证明，有史以来最伟大的市场分析师之一也涉足了占星术——尽管出于某种显而易见的原因，他从未公开承认过。（我认为，直到今天，市场技术分析师协会还不知道，它把第一届终身成就奖颁给了一位占星家。）

我们还关注埃德森·古尔德编制的一个指数，该指数涵盖了宝丽来、伯罗斯（Burroughs）和施乐（Xerox）等 7 只极具魅力的成长股，我们每小时计算一次，在绘制道琼斯工业平均指数的同时，也绘制这个指数。我们用红色绘制魅力指数，用黑色绘制道琼斯指数。我们发现魅力股的走势，会领先市场几个小时——红线向上或向下运行的时间，总是比黑线早几个小时。

如果当时有道琼斯指数期货，我们在蔡氏管理公司就能赚大钱了。可惜那时没有，所以我们没赚到。

这段时期，对在股市工作的人来说，的确是一段激动人心的时期。

1966 年，市场进入熊市，道琼斯指数从 1 000 点跌到了 750 点。但在 1967 ～ 1968 年，道琼斯指数又涨到了 1 000 点，进取型成长股的表现非常好。这一时期，投机盛行，后来被称为"沸腾的岁月"（go-go years）。这一时期表现最出色的四位基金管理人，被大家称为"三个弗雷德一个志勇"（Three Freds and a Gerry）——企业基金（Enterprise Fund）的弗雷德·卡尔（Fred Carr）、梅茨投资基金（Mates Investment Fund）的弗雷德·梅茨（Fred Mates）、弗雷德·阿尔杰管理公司（Fred Alger Management）的弗雷德·阿尔杰（Fred Alger）和蔡氏管理公司的蔡志勇。

他们四个彻底改变了投资行业。在他们之前，人们买入股票，然后一直持有，只盼着手中的股票能上涨。但是他们说"我们要超越市场"。为了实现这一点，他们更积极地进行交易，并且，每一天、每一周都计算他们的业绩。他们是第一批拿绩效这把枪，顶着基金经理脑袋的人——现在，所有的基金经理都需要做到持续超越市场。

他们四个最终使整个市场的交易量激增，以至于美国证券交易所的股票行情报价一度延迟了 37 分钟之久。而且，在 1969 年，为了让经纪公司能够及时整理交易文件，交易所不得不在每周三休市一天。

股市非常动荡。但动荡的，不仅仅是股市。当时正是"越南战争"中期。1968 年 3 月，约翰逊总统退出总统竞选。种族歧视尚未废止。在华盛顿特区时有游行发生。马丁·路德·金和罗伯特·肯尼迪相继遇刺。1968 年，芝加哥民主党大会召开期间，芝加哥警方当街殴打学生。沸腾的岁月就是这段历史的一部分。它是自 20 世纪 20 年代以来，一直到科技股泡沫出现之前，我们所经历的最大的一场投机狂潮。事实上，很长一段时间以来，我出席客户会议时，都会带着一本约翰·布鲁克斯（John Brooks）写的《沸腾的岁月》（*The Go-Go Years*），说："我不仅仅读了《沸腾的岁月》，我也是沸腾岁月的一部分。"然后，我会把这本书翻到第147页，也就是写到我的那一页。

"我们保留一切。"前美林分析师、信息中心的主管沃尔特·迪默说。迪默对待自己的图表，就像专业园艺师对待珍贵的天竺葵一样。"可能你一年只有一次机会需要用到特定的图表，但是，当你需要的时候，它就在这里。"

在《沸腾的岁月》出版后，每当有人在图表室里胡闹，鲍勃·爱德华兹就会对我大喊道："小心！沃尔特！他们又在玩你的天竺葵了！"

所以，一直到网络时代，我都可以举着那本书，跟人说："我见过真正的投机——现在，还算不上投机。"

多年之后的网络时代，才使60年代那段"沸腾的岁月"黯然失色。但是，60年代后期的投机高峰，直到30年后才被超越。我们可能还需要30年或者40年的时间，才能再看到下一次规模如此巨大的投机狂潮。不过，在2030～2040年，我们应该能够看到另一次投机狂潮。你完全可以引用我的这段话。

在曼哈顿基金，我第一次接触到计算机数据处理的实际操作。托尼·塔贝尔在我的办公室里装了一台共享终端，这样我就可以访问他存储在服务局公司（Service Bureau Corporation）大型计算机上的数据——当时的数据传输速度只有110波特（baud，比特/秒）。（不是兆波特，也不

是千波特，而是波特。）去年，托尼跟我一起吃午饭的时候说："早在 20
世纪 60 年代，我们就在搞云计算了。"

最终，蔡志勇以惊人的 3 000 万美元天价，将蔡氏管理公司卖给了芝
加哥的一家大型保险公司——CNA 金融公司（CNA Financial）。我清楚地
记得宣布的那一天——那天晚上，纽约市中央公园第一次禁止车辆夜间通
行，我和两个新同事骑自行车穿过中央公园进行庆祝。但是，当我们骑着
自行车穿过异常宁静的公园后，我们意识到，我们搭乘的轮船刚刚开走，
可我们却还站在码头上。我们既没有股票，也没有股票期权。高级经理们
就像强盗一样，而我们只是旁观者，一无所有。

蔡志勇到 CNA 就职，担任并购专家，但他并不适合搞并购，做了几
笔交易，却几乎使公司破产。问题在于，如果你买了一只股票，后来发现
不喜欢它，你可以随时卖掉。但是，如果你买了一家公司，后来发现不喜
欢它，要卖掉可就不那么容易了。（不论是作为买方，还是作为卖方，一
直以来，蔡志勇都特别善变。蔡氏管理公司流传过一个笑话："你想买一
个'蔡氏娃娃'吗？给它上好发条，它就会倒给你 5 万股斯佩里（Sperry）
股票。"）

合并之后，蔡氏管理公司的士气很快就一落千丈。我所有的朋友都开
始离职。此外，"沸腾的岁月"也在 1968 年底达到顶峰，市场开始下跌。
有太多的理由促使我离职寻求更好的发展。

在帕特南的日子

当时，在技术分析师的圈子里，消息传得非常快。有消息说帕特南正
在招聘一名新的技术分析师。我和另外四个人参加了面试，很快，我也知

道了另外四个人都是谁。

帕特南对所有的应聘者都进行了 5 个小时的测试（包括心理测试）。按现在的标准来看，这些测试侵犯了宪法赋予应聘者的权利。测试的题目也出得比较蠢。

测试结束之后，一位应聘者打电话给我，气呼呼地说："我知道，他们认为我要么是有异性恋倾向的同性恋，要么是有同性恋倾向的异性恋。可是，我根本就不知道自己属于哪一类。"

总之，这些测试使我感到失望，当我飞到波士顿，参加最后一次面试的时候，我确实不想到帕特南工作了，于是，我提出的要求也开始变得有些傲慢。

面试官们笑了，向我保证，测试不过是类似于某种入会仪式，于是就录用我了。我的新上司是约翰·本内特，他是鲍勃·法雷尔的好友，法雷尔为我写了一封非常好的推荐信。于是，我就到帕特南工作了（见图 24-2）。

与蔡氏管理公司相比，帕特南显得非常传统。当然，帕特南比蔡氏要大得多，而且更成熟。

我们的投资部有晨会制度。如果一名基金经理想要买某只股票，他必须得

图 24-2　沃尔特·迪默在帕特南

在晨会上做汇报。然后是分析师发言，我也要发表意见。所以，每个人都清楚其他人的想法。同样，如果一名基金经理想要卖某只股票，他也必须在晨会上获得授权，而分析师也必须就此发表意见。

　　这与蔡氏管理公司的无政府状态相比，是一个非常大的变化。比如，有一天，鲍勃·爱德华兹正在看行情纸带，他发现了某些迹象，然后拿起电话接通交易柜台："看来有人要交易一批伯勒斯公司（Burroughs）的股票。给我买 1 万股。"

　　"没错，"对方回答道，"他们的确要交易一批伯勒斯公司的股票，但是你不能买——那是蔡志勇的货。"

　　鲍勃厌烦地挂断电话，咕哝道："他知道的事儿竟然比我还多？"

帕特南每周还召开一次投资部周例会。在会上，约翰·本内特用 5 ～ 10 分钟谈论经济形势，我用 5 ～ 10 分钟谈论市场的技术走势，负责债券的同事用 5 ～ 10 分钟谈论债券市场。最后，再由一位分析师做行业回顾。

　　这些会议都是强制性的，对我来说，这是一件好事。即使是那些不相信技术分析的人，也得听我发言。每周，他们都不得不用 5 ～ 10 分钟的时间，当我的听众。

　　我的办公室就在交易柜台的正对面，中间隔着一个大厅。当时的交易柜台只有三个交易员。当然，现在一个交易柜台会有几十个交易员，但当时帕特南只有三个交易员和三个文职助理。

　　我在交易部目睹的一件事，足以说明当时华尔街的状况：

　　活动住房股（mobile home stock），是 20 世纪 70 年代早期市场上最热门的概念。冠军住房建筑公司（Champion Home Builders）——帕特南最看好的活动住房股——从 1970 年的低点 5 美元，涨到了 1973 年中期的 100 多美元。然后，它按 1∶5 的比例进行拆股，价格也随之调到了 20 多美元。

当时，帕特南的三只进取成长型基金持有大量的活动住房股，华尔街对此一清二楚。这是一个非常重要的时刻。1973 年夏天，帕特南的进取型基金经理之一杰里·乔丹（Jerry Jordan），听到了一些关于冠军公司的坏消息，决定卖掉他的大部分头寸。杰里走进交易室，把他听到的坏消息告诉了首席交易员弗兰克·马利恩（Frank Mullion），并告诉他要减持多少股。

当时，最大的两家经纪公司所罗门兄弟（Salomon Brothers）和高盛，对冠军公司这样的投机性股票的态度比较谨慎。因此，弗兰克马上想到了华尔街唯一一家有足够实力（如弗兰克所言）能消化这么多股票的公司——奥本海默掌管的威尔·温斯坦（Will Weinstein）公司。他拨通了奥本海默的直拨电话。

"冠军公司传出来一些坏消息，我有一批股票想卖掉。你愿意出什么价？"

杰里站在他身后，听了这话，觉得很不舒服。"别跟他说那么多，弗兰克！现在他肯定不会出什么好价钱！"

弗兰克转过身，冷冷地瞪了杰里一眼。"你看，将来我还得跟威尔合作。如果这次我们瞒着他，他肯定会记住的，而且以后再也不会给我们报什么好价钱了。所以，我告诉他，我们都知道什么。他会尽他所能，给我报最好的价格——而且，将来有需要的时候，他还会再跟我合作。"

于是，威尔提供了报价（我记得是 18.75 美元，比上一笔成交价低了几个点），当股价稍微出现反弹的时候，杰里出掉了他手中的冠军公司股票。在杰里和其他进取型基金经理陆续抛出手上持有的全部活动住房股的时候，威尔提交了更多的买单，把这些股票接了过去。（这是一次非常精明的操作。冠军公司的股价，在 1973 年中期冲到 26 美元的高点，在 1974 年跌到了 2 美元。）

大多数时候，帕特南的基金经理都很好。但是，他们都坚信自己不会出错，永远不会出错。如果出现错误，那技术部，或者交易部，就是罪魁祸首。

因此，我和交易员们最后达成一项协议，这让大家都松了一口气——每隔几周，大家就轮流当替罪羊。第一周，所有基金经理的问题，都是交易部造成的。第二周，所有的问题，都是技术部造成的。

总的来说，这个办法还挺有效，但是，基金经理们开始得寸进尺。

一次，一个老是对我大嚷大叫的基金经理对我说，是我把什么事弄错了。我说，是的，是我做错了。——实际上，那天早上大老板把我拉到他的办公室，说："沃尔特，你最近犯了很多错误。要是你继续犯错，我们不得不让你自己来管理一只基金。"

那个基金经理消停了，但只是暂时消停了。

问题是，在股市里对错如此分明，所以你马上就能知道你是不是错了。如果你以 80 美元的价格，买了某只你认为能涨到 100 美元的股票，它反倒跌到了 75 美元，嗯，也许你不认可 75 美元的价格，但这就是它的价格。所以，错误很明显，也很常见。因为每个人都容易犯错，所以每个人都会犯错。

也是在帕特南，我开始对金融市场间的相互影响进行分析。1975 年，约翰·本内特离开了帕特南，他离开后，我开始跟踪所有可能对股市产生影响的因素。举个例子，我们的债券部在我的办公室走廊的另一头，我为了查看各种数据，在我的办公室、大厅里的股票报价机和债券部那台显示所有利率报价的德励终端（Telerate machine）之间，竟然踩出了一条小路。现在大家都在做金融市场间相互影响的分析——而我们1975年在帕特南就已经开始做了。

不管从哪个方面来看，帕特南的管理水平都属于中等偏下。投资是帕特南存在的价值所在，但是，帕特南的管理层不负责投资，却还想控制投资的过程。当我离开帕特南的时候，投资政策委员会的成员全部都是管理层，而不是实际负责投资的人。这就像让医院的财会部门负责急诊室的分流政策一样。

此外，碰巧我又是一个直言不讳的人，得罪了一些人，包括大老板诺顿·雷默（Norton Reamer），他……怎么说呢，他可不是每个人都会喜欢的人。

1980年2月，我作为特别嘉宾，应邀参加了《华尔街周刊》（*Wall Street Week*）的电视专栏访谈节目（见图24-3）。

图24-3　沃尔特·迪默和马蒂·茨威格、朗·鲁凯泽在节目上

我上电视之后的那个星期一早上，我的一位下属和诺顿一起上了电梯，他对诺顿说："星期五晚上沃尔特的表现很不错吧？"

"我没看。"这位帕特南全盘投资业务的负责人回答说。

我在帕特南最后一次发布备忘录的高峰期，是在 1980 年 3 月下旬的白银危机时期。

亨特兄弟推高了银价，制造了银价泡沫。然后，突然泡沫破裂，几周之内，白银价格从每盎司 50 美元，跌到每盎司 5 美元。白银股暴跌，拖累了整个市场。

我整天忙着提醒大家即将触底，因为所有技术指标都表明，我们即将迎来底部。我每天都发布报告指出，我们越来越接近一个重要底部。

随着股市暴跌，基金经理们都迫不及待想买入，但我觉得为时尚早。所以我发布了一份备忘录，说："直到胖女人唱完，歌剧才算结束。"然后，市场进一步下跌，离底部越来越近了，我又发布一份备忘录，写道："胖女人正等着上场。"几乎就在见底的时候，我发布了第三份备忘录，写道："胖女人上场了。"我发布的最后一份备忘录写的是："胖女人开唱了！"

我错过了底部——错过了底部的最低点——差了一天半的时间。但是，能做到这一步，已经非常理想了，因为我们需要记住一点，**大型机构投资者必须在市场弱势的时候进场买入。**

就在市场见底的第二天，我一走进办公室，就有人告诉我："诺顿想马上见你。"这话从来都不是什么好兆头。我走进诺顿的办公室，他手里正拿着前一天的交易报告，气得发抖。他说："你知道那些家伙昨天都干了什么？"

我马上打定主意，最好的办法就是赶紧缩到我的壳里躲起来，所以我只说了一句："我不知道，先生。"他说："你知道他们昨天买了多少股票？""不知道，先生。"他说："他们昨天买了 80 万股。"

80 万股，大约占纽约证券交易所当日成交量的 10%——而且，这一天还是底部。他喊道："你知道那意味着什么？那些家伙以前从来都没有在底部买过这么多股票。"

我脑海里马上闪过两个念头。第一，作为投资部门的主管领导，如果他从来都没有让基金经理们在底部买过，这就证明他对投资业务的领导能力欠佳。第二，是我给了基金经理们信心，让他们敢在价格暴跌的时候买入。我心中暗想，我要被炒鱿鱼了。

那时，我已经在帕特南工作了十年。基金经理们都很喜欢我，但管理层认为，我有点像个炮筒子。对于市场，我总会发表一些不成熟的看法——但是，我讨厌玩政治，而在帕特南，政治是非常重要的游戏。所以我决定离职。1980 年 7 月，我终于离职了。

当我在投资部门的周例会上做最后一次演讲的时候，基金经理们为我热烈鼓掌。可能，我是唯一一个在离开帕特南的时候还能让基金经理们鼓掌欢呼的人。虽然当时诺顿希望赶紧进行下面的会议议程，但这丝毫没有冲淡我对那一刻的美好记忆。

1980 年 7 月，我离开帕特南，成立了自己的咨询公司——迪默技术分析研究公司。

帕特南的基金经理——尤其是管理私人账户的咨询经理，想聘请我做咨询顾问。最开始，他们的提议没有得到批准（仍然是由于公司政治的原因），后来突然有几个管理层的人员（包括诺顿）离开了，他们终于可以聘请我了。

从 1980 年以来，在我的职业生涯中，我就不再需要考虑任何公司政治因素的影响，对于这一点，我非常高兴。我可以自由地做任何我认为正确的事。其实，我只是恪守了老戴维·克罗克特（Davy Crockett）的座右铭："**确信你是对的，然后，勇往直前。**"我不需要考虑其他人的想法。

这就是我所说的幸运。

市场技术分析师协会

市场技术分析师协会（MTA）成立于 1972 年，由拉尔夫·阿坎波拉（Ralph Acampora）、约翰·布鲁克斯（John Brooks）和约翰·葛里利（John Greeley）三人共同创建。有一天晚上，他们下班之后，在华尔街附近的一家酒吧聚会，决定创建一个由市场技术分析师组成的专业团体。慢慢地，协会就成立了，最初叫作纽约市场技术分析师协会。

MTA 的宗旨，是让技术分析得到更广泛的认同。到目前为止，它在早期完成的最重要的事情，就是揭开了技术分析的神秘面纱。在当时，各种"专有指标"司空见惯。每当有人开发出某种技术分析指标的时候，往往会秘而不宣。这样做的问题在于，你不但不知道他们的"黑匣子"里究竟是什么，而且也无法将他们的"专有指标"和其他指标结合起来使用。然而，MTA 鼓励传播方法论。通过这种方式，提高了大家的专业水平，因为每个人都知道其他人在做什么，这是令人难以置信的、巨大的进步。

起初，MTA 完全是一个志愿者组织。早期，波士顿的几家大型投资机构（富达（Fidelity）、惠灵顿（Wellington）和帕特南）的技术部门为 MTA 提供了很多资助。我们在帕特南负责管理会员部，富达公司的比尔·多恩（Bill Doane）负责编辑出版每月通讯，惠灵顿公司的比尔·迪扬尼（Bill DiIanni）负责编辑出版专业季刊。这一切都是在志愿者的帮助下完成的，也得到了各自公司的支持。

我是第六任会长，是MTA的约翰·昆西·亚当斯（John Quincy Adams）[一]。在我的任期内，我们被吸纳为纽约证券分析师协会的分支机构。在那之前，我向人介绍说我代表的是MTA，没有人理我。但是后来当我跟人说，MTA是纽约证券分析师协会下设的一个社团组织的时候，我们立即得到了专业人士的认可。例如，在我担任会长期间，美国证券交易委员会（SEC）提议取消收集和发布会员公司的卖空数据，而这些数据恰好是技术分析师们广泛使用的数据。作为MTA的会长，我给SEC写了一封信，希望他们能够重新考虑该提议。当得知我们是纽约证券分析师协会的一个分支机构时，SEC立即对我们敬重有加。

从早年开始，MTA经历了漫长的发展历程。现在MTA拥有近4 000名会员，而且成功举办了特许市场技术分析师培养项目。你可以在www.mta.org上了解到更多有关MTA的信息。

还有一个专为职业技术分析师创办的协会——美国职业技术分析师协会（AAPTA），成立于2004年。（我是协会的创始会员。）AAPTA隶属于国际技术分析师联合会，你可以在www.aapta.com上了解到更多有关AAPTA的信息。

[一] 约翰·昆西·亚当斯是美国第六任总统。同样是第六任，所以作者做了个类比。

第 25 章

未　　来

有人说，在股市中前行，就像夜间沿着一条漆黑的乡村道路行驶。你清楚自己的目的地，但是你只能看清前方车灯照亮的地方。然而，当你沿着这条道路一直走下去，这条道路就会被照亮，一点一点地被照亮。因为，你的车灯能使你看清前方越来越远的地方。

当我们继续在股市里冒险前行，那未来也会被照亮——但只有一点点灯光。为了能让我们共同分享这段旅程，我在 www.walterdeemer.com/bookforum.htm 网站开设了一个论坛，在这里，你可以和我一起提问、一起讨论。即使在华尔街待了 49 年，我仍然在学习——论坛是我们可以一起继续学习的地方。

唉，有一些问题，恐怕是我现在无法回答的。超高速计算机最终将把全球各地的金融市场时时刻刻联结在一起，而使用超高速计算机进行交易，最终又会导致什么结果？如果没有专家（买家的最后一根救命稻草），市场又会如何？交易所交易基金（ETF）日益普及，将对共同基金造成哪些影响，将对整个市场造成哪些影响？美联储最近对市场的干预（QE 和 QE Ⅱ），在将来会更加频繁吗？而且，再具体一点，这些以及市场上的其他变化，是否会导致一些（也许是很多）目前有效的技术分析工具失效？（很多技术分析工具在 2008 年开始失效，令许多技术分析师大为懊恼。）如果是这样，那么是否能开发出新的技术分析工具代替它们？比如美国主动投资管理者协会的调查（National Association of Active Investment Managers Survey）。（该调查曾于 2011 年 10 月成功预测了市场底部。）

如果没有别的意外，未来将会非常有意思。欢迎通过论坛加入我们的队伍，结伴前行——车灯照一程，我们走一程。

译者后记

2018 年，我原本想翻译另外一本书，但机缘巧合，遇到了华章公司的王颖老师，她推荐我翻译沃尔特·迪默这本关于技术分析的书。

国内投资者大多对迪默比较陌生。

1963 年，迪默从宾夕法尼亚州立大学毕业后，就进入了证券行业。他先后在美林公司、曼哈顿基金、帕特南公司从事技术分析。在此期间，迪默参与创建了美国市场技术分析师协会（MTA），并于 1979 年出任该协会的第六任会长。1980 年 7 月，他离开帕特南，创立了自己的投资咨询公司——迪默技术分析研究公司。到 2010 年 12 月退休，他已在华尔街工作了整整 47 年。对于迪默在技术分析领域里的成就和地位，《巴伦周刊》的高级编辑桑德拉·沃德是这样评价的："如果说沃伦·巴菲特是奥马哈的先知，那么，迪默就是圣露西港的先知。"

2011 年秋，迪默开始动手写作本书。在这本书里，迪默结合自己在华尔街近 50 年的亲身经历，阐述了如何通过技术分析进行市场择时，实现长期获利。

首先，迪默介绍了技术分析的三个研究重点：价格运动、价格运动背后的供需关系，以及投资者心理的极端反应。然后详细描述了极端市场情绪的典型特征，以及在熊市和牛市里这些极端情绪的具体表现，同时，还对市场重要顶部和底部的形成机制做了深入分析。接下来，介绍了如何使用图表进行技术分析，并通过 1970 年到 1981 年间"漂亮 50"龙头麦当劳的案例，进一步强调了在预测未来股价时市场情绪的重要性。迪默还对大牛市中推动市场强劲上行的动量进行了深入分析，并提出了"分离动量"这一重要概念。对于与市场有关的周期，迪默介绍了两种典型的以市场价格为基础的周期——四年周期和康德拉季耶夫波浪（即康波），以及三种不以市场价格为基础的周期——股息收益率周期、债务周期和利率周期，以及典型的顶部和底部特征。对于技术指标，迪默将其分为趋势指标、板块指标、货币指标、反向指标和情绪指标五大类，逐一进行说明，并强调：指标揭示的是可能性，而非确定性。对于如何选股，如何规避"黑天鹅"，如何在熊市中进行大类资产配置，迪默也在书中给出了相应的建议。最后，是投资者应遵循的一些投资铁律，以及迪默对自己整个职业生涯的回顾。

可以说，迪默这本谈技术分析的书，是一本从宏观层面对市场运动进行全景分析、对市场时机进行深度把握的书。

毋庸讳言，市面上关于技术分析的书很多，但大多都是介绍一些所谓的神奇指标的，很容易使人"一叶障目，不见泰山"。都说书中自有黄金屋，书中自有颜如玉，这句话，要是用来形容市面上那些所谓的技术分析"秘籍"或者"宝典"，总会让人有几分不实的感觉。不过，要是用它来形容迪默的这本书，我觉得，应该是比较恰当的。

闫广文

2020 年 3 月 15 日

大师人生

书号	书名	定价
978-7-111-49362-4	巴菲特之道（原书第3版）	59.00
978-7-111-49646-5	查理·芒格的智慧：投资的格栅理论（原书第2版）	49.00
978-7-111-59832-9	沃伦·巴菲特如是说	59.00
978-7-111-60004-6	我如何从股市赚了200万(典藏版)	45.00
978-7-111-56618-2	证券投资心理学	49.00
978-7-111-54560-6	证券投机的艺术	59.00
978-7-111-51707-8	宽客人生：从物理学家到数量金融大师的传奇	59.00
978-7-111-54668-9	交易圣经	65.00
978-7-111-51743-6	在股市遇见凯恩斯："股神级"经济学家的投资智慧	45.00